말 잘하는 사람은
뭘 해도 다르다

SYAKAIZINTOSITE HITSUYONA KIKU CHIKARA,
HANASU CHIKARA NO TAKAMEKATA by Keiichiro Takanashi
copyright ⓒ 2003 Keiichiro Takanashi
All rights reserved.
Originally published in Japan KOU SHOBOU Co., Ltd. Tokyo
Korean translation rights arranged with KOU SHOBOU, Japan
through UNION Agency, Seoul.

이 책의 저작권은 유니온 에이전시를 통한 KOU SHOBOU과의
독점계약으로 경성라인에 있습니다.
저작권법에 의해 한국 내에서 보호받는 저작물이므로
무단전재와 무단복제를 금합니다.

자신감을 키워주는 대화법

말 잘하는 사람은 뭘 해도 다르다

다카나시 케이이치로 지음
강성욱 옮김

경성라인

머 리 말

　사람들 앞에서 긴장하지 않고 말할 수는 없을까, 혹은 그 어느 사람과도 거부감 없이 대화를 할 수 없을까 하는 생각은 누구나 다 가지고 있을 것이다. 하지만 어느 날 갑자기 말을 잘하게 되거나, 상대방의 말을 쉽게 이해할 수 있게 되는 것은 아니며 나름대로의 꾸준한 노력과 경험을 쌓아야만 하는 것이다.
　이 책은 말을 잘하기 위해서, 또는 좋은 대화 상대가 되기 위해서 평소에 어떤 노력을 해야 하는지를 알기 쉽게 설명하고 있다.
　수년 전 어느 문화센터에서 '화술 강의'를 할 때의 일이다.
　한 택시회사의 사장이 "매일 아침 조회에서 운전기사들에게 말하는 것이 서툴러 고심하고 있는데 어떻게 안 되겠습니까?" 하며 강의를 신청하러 왔다. 그런데 그 사장은 단 두 번 출석을 끝으로 강의를 들으러 오지 않았다. 만나서 이유를 물어보니 "두 번이나 갔는데도 전혀 말이 늘지 않았다"는 것이 그 이유였다. 말을 잘하는 특효약을 찾고 있었던 것이다.

그러나 유감스럽게도 말을 잘하게 만들어주는 특효약은 없다.

나는 젊은 사람들에게 항상 세 가지를 강조해 왔다.

'잘하려고 애쓰지 마라.', '서툴러도 좋다.', '실수를 하라.'이다.

말을 잘하려는 초조함이 결과적으로 말이 서툰 사람으로 되는 것이며, 능숙하게 하려는 다급함이 중요한 것을 빠뜨리게 만드는 것이다. 실수를 하지 않으려는 마음이 실수를 초래하게 마련이기 때문이다.

말하는 법만 연습한다고 해서 말이 느는 것이 아니다.

대화는 자신의 전부를 드러내 보이는 것이다. 아무리 겉을 화려하게 장식해도 말하는 내용이 부실하면 상대방은 바로 알아차린다. 어떤 내용을, 얼마나 논리 정연하게, 어떻게 이끌어가는 것인가 하는 것이 중요하다.

이를 위해 될수록 많은 대화의 주제(화제)를 가지고 있어야 한다.

지금 우리는 무한한 정보의 시대에 살고 있다. 가만히 있어도 외부에서 정보가 일방적으로 들어오기 때문에 목적이 없으면 정보에 휩쓸려 혼란스러울 따름이다. 목적을 가지고 정보를 모으고, 정리하고, 축적시킬 필요가 있다. 정리되고 축적된 정보가 '화제'가 되기 때문이다. 이 풍부한 화제가 우리들의 대화를 내실 있고 풍부하게 만들어주는 것이다.

당신에게 필요하고 적합한 정보를 선택하고 정리해서 저장시켜 놓는 것이 말을 잘할 수 있는 비결이다.

contents

머리말 • 5

| 서문 |
대화 능력을 갖추어야 한다

'말이 서툴다.'고 당당히 말하는 사람은 사라져야 한다 • 18

'말이 서툴다.'는 것은 '나는 바보다.'라는 말과 같다 • 20

더듬거리며 말해도 말을 잘하는 사람은 있다 • 22

대화는 인간관계의 윤활유다 • 25

대화는 상대에 대한 배려로부터 시작된다 • 28

하루아침에 말을 잘하는 사람은 없다 • 31

대화에 능숙한 사람은 이것이 다르다 • 33

정보의 취사선택을 위한 조건 • 36

대화에서 중요한 것은 말의 '주고받음'이 아닌 '들어주는 것'이다 • 39

'잘 들어주는 사람'이 '말을 잘하는 사람'이다 • 41

퍼블릭 스피킹에 필요한 '4가지 대화 능력' • 44

'대화의 4요소'를 연습해야 한다 • 47

| 1장 |
논리력을 향상시켜야 한다

자기소개로 자신의 논리력을 측정하자 • 52

잡담과 퍼블릭 스피킹의 차이를 인식하자 • 57

주제를 정한 후 결론을 생각하고 설명하는 습관을 갖자 • 61

'육하원칙(5W 1H)'을 확립하자 • 65

수사어와 추상어를 줄이고 정서적인 대화에서 논리적인 대화로 이끌어야 한다 • 69

논리력을 키우기 위해 신문을 정독하자 • 73

화제의 풍부함은 체험의 많고 적음에 좌우된다 • 77

논리적으로 말하기 위한 연습, 문장으로 써서 낭독한다 • 81

'자신의 정보'를 정리한다—대단한 경험을 한 적이 없는 사람은 없다 • 85

'외부정보'를 정리한다—정보의 홍수에 빠지지 않기 위해 • 89

신문으로 '결론을 이끌어내는 연습'을 하자 • 93

| 연습 과제 | • 96

| 2장 |
표현력을 향상시켜야 한다

듣는 사람의 기분, 입장, 상황을 생각해서 전달하자 • 100

대화의 기본인 '기승전결'을 익히자 • 104

'대화의 4가지 요소'와 '제목 → 에피소드 → 결론'의 흐름을 이해하자 • 108

어휘를 늘려서 상대가 이해할 수 있는 표현으로 말하자 • 114

'~지만', '~데'는 자제하고 문장은 짧은 편이 좋다 • 119

자연스러운 높낮이로 말하자 • 122

효과적인 세 가지 '호흡' 사용법 • 127

'사실'과 '의견'과 '감상'을 구별하자 • 133

말을 하면 반드시 결말까지, 상대방의 불쾌감을 제거하자 • 137

표정, 몸짓, 손짓으로 대화를 보강하자 • 141

| 연습 과제 | • 146

| 3장 |
이해력을 향상시켜야 한다

이해력을 높이기 위해 듣기 능력을 향상시켜야 한다 • 150

듣기 능력 향상을 위해 집중해서 듣는 기회를 늘리자 • 154

일상의 대화에서도 주제 이외의 것에 신경을 쓰지 말자 • 159

5분간 집중력 테스트로 귀에 신경을 집중하는 방법을 익히자 • 163

'듣고 있다'는 사인은 말하는 사람을 신나게 한다 • 169

시선의 높이를 정해서 상대방의 부담감을 덜어준다 • 173

주제를 빨리 파악하기 위해 질문을 전제로 듣는다 • 177

'사실'과 '의견, 감상'을 구별하면서 들어라 • 181

왕성한 호기심과 열린 마음으로 듣자 • 185

메모하면서 듣기, 머리로 이해하는 것으로 끝내지 말자 • 188

메모는 제목과 정리하며 듣자 • 192

| 연습 과제 | • 196

|4장|
대응력을 향상시켜야 한다

'짐작'과 '선입관'을 배제하자 • 200

다음 질문은 상대의 말 속에서 찾아라 • 204

무엇을 묻고 있는가—질문의 요지를 주의 깊게 파악한다 • 208

대화의 분위기는 '장단'에 달려 있다 • 214

상대의 감정을 상하게 하지 않기 위해서는 무엇을 해야 하는가 • 219

'들으려는 자세'와 '대화할 준비' • 223

찬성, 반대의 의견표시는 반드시 이유를 말한다 • 227

자연스러운 질문과 대답을 위해 문답을 예상해 두자 • 232

| 연습 과제 | • 236

서문
대화능력을 갖추어야 한다

'말이 서툴다.'고
당당히 말하는 사람은
사라져야 한다

당신은 자신이 말을 잘하는 편이라고 생각하는가. 아마 대다수의 사람들은 자신이 말을 잘 못 하는 편이라고 생각할 것이다.

보통 사람들은 '나는 말을 잘한다.'고 말하는 사람을 보며 '저 사람은 교만하다.'거나 '경박한 사람.'이라고 생각하기 마련이다.

조촐한 연회석상에서도 연설이나 발언하는 사람 대부분이 "저는 말이 서툽니다만…….", "사람들 앞에서 말하는 것이 쑥스럽습니다." 하고 전제한 뒤 말을 시작한다. 자신의 말이나 의견에 자신감을 가지고 있지 못하기 때문에 미리 면역력을 만들기 위한 마음의 표현이다. 그리고 막상 말을 시작하면 역시 무엇을 이야기하려는지 이해할 수 없거나, 주제와 한참 동떨어진 이야기를 하는 경우가 많다.

이것을 지적하면 "그래서 미리 말을 못 한다고 했잖습니까?" 하고 역정을 내는 사람들도 있다.

하지만 다양한 입장의 사람들과의 대화가 요구되는 이 시대에 말을 못 한다고 언제까지 당당히 말할 수만은 없다. 말을 잘하는 사람이 되려는 노력이 필요한 시대이기 때문이다.

그러고 보면 우리들은 초·중·고등학교에서 거의 '말하는 법'을 배운 적이 없다. 태어나면서 계속 말을 해왔기 때문에 말은 자연히 느는 것이라고 생각하고 있었기 때문일지도 모른다. 그래서 말하는 법이나 생각하는 법을 가르칠 필요성을 인식하지 못했던 것이다.

하지만 현재는 조금씩 변화가 생기고 있다. 초등학교 학습지도 요령이 개정되어 국어 과목을 중심으로 '말하는 법'을 가르치기 시작했다.

이제 이러한 움직임이 계기가 되어 말이 서툴다고 당당히 말하는 사람들이 사라져야 할 것이다.

'말이 서툴다.'라는 것은 '나는 바보다.'라는 말과 같다

　미국이나 유럽인들과 대화하다 보면 그들이 얼마나 풍부한 표정과 유머를 쓰고 있는지 느낄 수 있다. 더욱이 표정이나 유머는 자신의 의견을 상대방에게 확실히 이해시키기 위한 자연스러운 연출이라는 것도 알 수 있다. 어릴 때부터 부모에게 자신의 의견을 적극적으로 표현하는 교육을 받고, 학교에서도 같은 교육을 받아왔기 때문에 말하는 것이 향상될 수밖에 없다.

　하지만 예로부터 우리나라에서는 '남자는 과묵해야 한다.', '침묵은 금이다.'는 말과 같이 과묵함이 미덕처럼 여겨져 왔다. 잠자코 있으면 '이 사람은 진중하다.'거나 '생각이 깊기 때문에 많은 것을 말하지 않는다.'

라는 인상 때문에 이런 사람들을 좋게 생각해 왔다.

　10년 전 우리나라에서 공부하던 독일 유학생이 웅변대회에서 우리나라 사람을 찹쌀떡에 비유한 적이 있다. 우리나라 사람들은 찹쌀떡과 같이 언뜻 보면 별다른 특색이 없는 것 같지만 속에는 맛있는 팥이 들어 있다는 것이다. 팥이 있는 속까지 들여다보지 않으면 생각이나 마음을 알 수가 없다는 말이다.

　이 유학생은 '세상 사람들이여, 일본인을 이해하려면 속의 팥까지 이르려는 노력을 해야만 합니다.' 하고 우리나라 사람들을 호의적으로 바라보았다. 이 이야기를 듣고 나는 부끄러운 마음이 들었다. 이 유학생과 같은 생각은 우리나라를 잘 알고 있는 소수의 외국인만 가지고 있기 때문이다.

　국제회의나 외국인과의 대화에서 '우리나라 사람들은 많은 말을 하지 않는다.'라고 한다. '일본인은 무엇을 생각하고 있는지 모르겠다.'라는 말일 것이다.

　자신의 의견을 확실히 표현하지 않는 사람, 즉 말이 서툰 사람은 의견을 가지지 못한 사람, 실패한 사람이라는 말을 들어도 어쩔 수가 없는 것이다.

더듬거리며 말해도
말을 잘하는
사람은 있다

    물 흐르듯 유창하게 말하는 사람이 말을 잘하는 사람이라고 생각하는 사람이 많다. 물론 유창하게 말을 하고 적절한 주제를 논리 정연하게 전개하는 사람의 이야기에는 끌리기 마련이다.

    물 흐르듯이 유창하게 말하는 사람이 존재하는 것은 확실하다.

    하지만 말은 끊임없이 하고 있지만 내용이 없는 이야기라면 어떨까? 듣고 있는 사람은 곧 짜증이 나서 빨리 끝내주기를 바랄 것이다.

    유창하지만 내용도 없는 말을 하는 사람이 결코 말을 잘하는 사람이 아닌 것이다.

    언젠가 칼을 만드는 장인인 A 씨를 인터뷰했을 때의 일이다. 그의 집에서 사전에 인터뷰 준비에 관한 이야기를 나누었는데 그때에는 대단히 과묵해서 여러 가지 질문을 해도 그저 미소만 지을 뿐 말을 잘 하지 않았다. 따라서 실제 인터뷰에서도 이렇게 말을 하지 않을 것 같은 불안감이 커졌다.

드디어 그가 칼을 만드는 작업장에서 인터뷰와 촬영을 시작했는데 역시 변화가 없었다. 그는 타오르는 불꽃 속에서 철 덩어리를 꺼내 가만히 응시하더니 다시 불 속으로 집어넣었다.

'뭐가 잘못된 겁니까?' 하고 묻자 짧게 '색'이라고만 대답할 뿐이었다. 다시 한 번 철 덩어리를 불 속에서 꺼내고 다시 불 속에 넣었을 때 물었지만 대답은 '굽기'였다.

30분 정도 촬영을 마치고도 그의 과묵함에는 변함이 없었다.

불안감 때문에 편집하기 전에 녹화테이프를 보았는데, 카메라맨은 그가 불에 몰입하던 눈, 굳은 살투성이의 손, 70세를 넘겼다고는 도저히 생각할 수 없는 가슴 근육을 클로즈업해서 잡았다. 그런 영상은 말로는 표현할 수 없는 것들이었다.

그리고 그 영상들과 그가 한 마디씩 던진 말들이 어울리자 외길 인생을 걸어온 사람의 진중함이 전해지는 것을 느꼈다. 아무리 말로 표현해도 표현할 수 없는 것이 인상 깊게 영상에 담겨져 있었던 것이다.

약간의 편집을 더한 후 방송했는데, 방송에 대해 좋은 평가를 얻었다. 시청자들도 같은 감동을 받았던 것이다.

오래전의 이야기지만 그와 같은 사람도 말을 잘하는 사람이라고 생각하게 되었다. 그 이후로 많은 것을 이야기하지는 않았지만 사람의 마음을 감동시킬 수 있는 내용을 이야기할 수 있는 사람들을 몇 명 더 만날 수 있었다.

더듬더듬 말하거나, 단어를 선택하며 천천히 말을 해도 내용이 풍부한 이야기라면 그 사람은 말을 잘하는 사람인 것이다.

대화는
인간관계의
윤활유다

아는 사람이 한 명도 없는 연회나 행사에 가야 할 때, 보통 우리들은 혼자서 가만히 앉아 있어야 되지 않을까 걱정한다. 그곳에 가서 제일 먼저 누군가 말을 하기 쉬운 사람이 없을까 하고 여기저기 살피는 경우도 있다. 그리고 용기를 내어 한 사람에게 말을 걸어 그 사람이 대화상대가 되어 주면 안도하게 된다.

대화를 나눌수록 그 사람에 대해 알게 되고, 이 사람이라도 만났으니 무언가를 건진 듯한 뿌듯함이 든다. 만일 대화를 시도하지 않았다면 이러한 인간관계조차 생기지 않았을 것이다.

'이 사람은 좋은 사람이다.', '이 사람과는 잘 맞는다.', '이 사람과 친구가 되자.'라는 생각은 대화를 한 후에 처음으로 느낄 수 있는 것들이다.

미지의 사람을 알게 되어서 여러 가지 것을 배우고, 자신을 알리고 공감할 수 있는 일련의 행위들의 반복이 우리들의 사회생활일 것이다.

인간관계를 만드는 계기는 대화이다. 인간관계를 깊게 하는 것도 대화이다.

대화는 인간관계를 풍부하고 여유롭게 해주는 윤활유인 것이다.

윤활유가 보다 좋은 효과를 내기 위해 대화 능력을 갖출 필요성이 요구되는 이유이다.

그런데 요즘 젊은 사람들의 대화 능력은 많이 뒤떨어져 있다.

내가 강의를 하고 있는 연구실에 어느 날 한 학생이 찾아와서는 "교수님, 시험"이란 말만 하는 것이었다. "시험 뭐?" 하고 되물어보니 "범위"라고 짧게 대답을 했다. "시험 범위가 알고 싶은 건가?" 하고 물으니 "예." 하고 대답했다.

"'교수님, 시험 범위를 가르쳐주십시오.'라는 문장으로 말하게." 하고 말한 뒤, 들어오기 전에 노크부터 하라고 시켰다. 그래도 나는 개운치 않은 마음에 학생들과 섞여 점심을 먹으면서 그들의 대화내용을 들어보았다.

그런데 그들의 대화에는 단어만 난무하고 문장으로는 대화를 나누지 않는다는 것을 깨달았다. 한 학생이 자리에서 일어나자 밥을 먹고 있던 학생이 "수업?" 하고 물으니 "수업."이라고 간략하게 대답할 뿐이었다.

단어로 대화를 해서 통하는 것은 가족이나 친구 등 극히 친한 사이의 사람들뿐이다. 커뮤니케이션의 범위가 얼마나 좁은지를 여실히 나타내고 있는 것이다.

가족이나 친구와의 대화에서는 대화 능력이 늘지 않는 것이 당연하다. 다양한 입장의 사람들과 대화하는 체험을 쌓지 않으면 대화 능력을 향상시킬 수 없다. 이것은 위의 학생에게만 국한되는 것만이 아니라 요즘의 젊은 세대들 전반에게 보이는 것으로, 단어만으로 대화를 나누는 경향은 하루빨리 고치지 않으면 안 되는 것이다.

대화는
상대에 대한 배려로부터
시작된다

　야구에서 말하는 캐치볼은 상대가 받기 쉬운 볼을 던져주고, 이쪽이 잡기 쉽도록 볼을 되돌려 받는 행위의 반복이다. 상대방이 볼을 받을 자세를 취하지 않았는데 던지면 안 된다. 상대가 볼을 받을 수 있는 자세인가를 확인하고 나서야 비로소 볼을 던져야 하는 것이다.

　대화에서는 '볼'을 '대화'로 바꾸어 생각하면 되는 것이다. 듣는 사람이 이쪽의 이야기를 들을 준비가 되어 있는지를 확인하지 않으면 대화를 시작해서는 안 된다.

　일방적으로 이쪽의 이야기만을 강요하면 상대방은 귀를 막아버릴 것이다. 상대가 받아들일 수 있는 이야기, 상대의 이야기를 열심히 들어주지 않으면 대화는 성립하지 않는다.

야구와 마찬가지로 상호간의 협력이 필요한 것이다.

상대방의, 현재의 기분을 헤아리며 대화를 진행하고 이쪽도 상대의 이야기를 듣고 있다는 자세를 보여주어야 한다는 것을 평소부터 의식하고 있어야 한다.

일상적인 대화에서는 상대가 말하고 있을 때, 다른 일을 생각하는 경우가 많다. 일상의 대화에서 듣는 사람의 기분을 생각하며 말을 하고 상대의 이야기를 확실히 듣는 습관을 익혀두어야 한다.

대학 수업에서 학생들이 잠을 자거나 잡담을 하거나 상관없이 수업을 진행하는 교수들이 있다. 이런 강의실을 지날 때면 착잡한 기분이 든다.

학생들이 어떤 일을 계기로 잡담을 시작하는가를 관찰해 보면, 어려운 단어의 의미를 옆자리의 학생에게 물어보거나 교수님의 목소리 크기에 대해 말하는 것이 그 원인인 경우가 많다.

대학 수업 중에 잠을 자거나 잡담의 원인 대부분이 교수들에게 있다는 것을 알게 되었던 것이다. 듣는 상대인 학생의 입장을 생각하지 않는다는 것이다.

어려운 단어를 설명도 없이 사용하거나, 작은 목소리(또는 큰 목소리)로 말하면 듣는 상대는 들을 의욕이 생기지 않는다. 사람이 적은 대화에서도 마찬가지이다.

대화는 일방적으로 전하는 것이 아닌, 상대에게 전달되고 나서 비로소 처음으로 그 의미가 생기는 것이다.

하루아침에
말을 잘하는 사람은
없다

나는 대학시절 신문기자를 거쳐 교수가 된 E 교수님의 강의를 수강했다. 학생들은 교수님의 흥미진진한 체험담에 열중했다. 90분 수업이 눈 깜짝할 사이에 끝나고, 학생들은 E 교수님의 다음 강의시간을 학수고대했던 것이 기억에 남아 있다.

한번은 E 교수님에게 점심을 얻어먹을 기회가 있어서 '말을 잘하는 비결이 무엇입니까?' 하고 물어본 적이 있었다. 교수님의 대답은 "처음에 교단에 섰을 때는 학생들이 내 이야기를 들어주지 않았지. 이런 식으로는 안 되겠다 싶어 만담가들의 말하는 법을 공부도 하고, 말을 잘하는 사람의 강연을 들으며 메모해서 연구를 했다."는 것이었다.

'노력을 하지 않으면 좋은 성과를 얻을 수 없다.'는 당연한 이치를 다시 한 번 가르쳐주셨던 것이다.

그 뒤 말하는 것을 직업으로 하는 아나운서가 된 후, E 교수님을 생각했고 남들에게 배우는 것보다는 내 스스로 노력해 보자고 결심했다.

중계방송에는 뉴스와 같은 원고가 없기 때문에 비교적 자유롭게 말할 수 있는 점을 활용했다. 사건사고의 중계에서는 허용되지 않지만 지역특산물 소개와 같은 중계에서는 여유가 있으니까 말이다.

담당 PD와 상의해서 방송 대상이 정해지면 녹음기를 들고 현장으로 향한다. 시야에 들어오는 것들을 가능한 한 최대한 말을 하면서 녹음을 하는 것이다. 녹음한 것을 기초로 원고를 만들기 때문이다.

원래 자신이 말한 표현들이기 때문에 방송하기도 쉽다. 그 후 출퇴근 중이나 차를 운전하고 있을 때나 눈에 보이는 것들을 말로 표현하는 연습을 했다. 그러자 넓은 각도에서 보이는 것 중에서 점차 시야를 좁혀가며 말할 수 있게 되었다. 33년간 아나운서를 지속할 수 있었던 것도 이런 작은 노력이 원천이었다고 생각한다.

태어나면서 말해 온 모국어이기 때문에 언젠가는 말을 잘할 수 있게 될 것이라고 생각하면 오산이다.

자신은 평소에 무엇이, 어떤 일이 가능한지를 생각해야 한다.

대화에
능숙한 사람은
이것이 다르다

추상적인 단어를 자주 쓰는 대화에서는 한 단어를 두고서도 말하는 사람과 듣는 사람이 전혀 다른 해석을 할 수가 있다. 한편 구체적인 예를 들면서 말을 하면 말하는 사람과 듣는 사람이 이미지를 공유할 수 있기 때문에 이해하기 쉽다. 말하는 사람이 얼마나 많은 사례, 즉 화제를 가지고 있는가의 문제이다.

"제가 졸업한 ○○대학교는 도심의 역 가까운 곳에 있고 학교 건물이 몇 개나 되는 큰 대학교입니다. 아무튼 학생 수가 많아서 대부분 수업은 100명 이상이 들어갈 수 있는 대형 강의실에서 받았기 때문에 교수님의 얼굴을 기억하는 학생은 몇 명 안 됩니다."

위의 말을 들으면 학교에 대해 대략적인 상상은 할 수 있지만 뭔가 부족한 인상은 지울 수가 없다.

"제가 졸업한 ○○대학교는 도심의 역과 가까워서 차 소리와 음악소리, 그리고 2~3분 간격으로 전철이 지나는 소음도 심했습니다. 학교 건물도 많았기 때문에 잘못해서 다른 건물의 5층까지 갔다가 지각을 한 적도 한두 번이 아닙니다. 학생 수가 많아서 강의는 대강당에서만 열리다 보니 교수님의 얼굴이 잘 보이지 않기 때문에 수업 후에는 교수님에게 달려가서 얼굴을 확인할 정도였습니다."

이와 같이 하나하나의 예를 들어가며 이야기하면 보다 구체적으로 듣는 사람도 흥미를 가지고 들을 수 있다. 이와 같이 자신이 체험한 기억을 떠올리며 구체적으로 이야기하는 습관을 익혀야 한다. 나는 이것을 '자기정보'라고 부르고 있다.

옛날 일은 기억하지 못한다는 사람은 한가할 때 가족이나 학창시절, 동아리 때 체험한 일, 여행의 추억 등을 하나씩 써보면 어떻겠는가. 바로 '자기정보'이니까 말이다.

자기정보를 막연히 기억 속에만 남겨두면 막상 자기정보를 말하려고 할 때에는 말로 표현할 수 없을 때가 많다. 시간을 내서 기억(자기정보)들을 정리해 둘 필요성이 있다.

자기정보에 덧붙여 다른 사람의 이야기, 신문, 잡지, 책, TV, 라디오 등에서도 정보를 얻어야 한다.

이런 외부정보와 자기정보를 조합해서 대화를 전개해 나가는 것이다.

얻은 정보가 정리되고 쌓여 가면 당신은 말 잘하는 사람에 한 걸음 가까워질 것이다.

정보의 취사선택을 위한 조건

 나는 주간 어린이 뉴스 비디오를 대학 1학년생에게 매주 보여주고 있다. 일주일간의 뉴스 중에서 중요하다고 생각하는 뉴스를 알기 쉽게 해설해 주는 프로이다.
 처음에 학생들은 "대학생인 우리에게 왜 어린이 프로를 보여줍니까?" 하고 불만을 토로했다. 하지만 몇 번 반복하는 사이에 진지하게 시청하게 되었다.
 화제가 되고 있는 뉴스들이기 때문에 이에 관해 알고 있는 학생들은 첫 부분을 보자마자 "저건 알고 있는 거야." 하며 무시해 버렸다. 그런데 그 배경이나 뉴스와 관련된 단어, 문제점들에 대해 배우게 되면서 자신이 알고 있는 것이 얼마나 추상적인 지식에 지나지 않는가라는 것을 깨닫게 된 것이다.

그렇게 몇 번 수업을 진행한 후에 방송된 뉴스 중에서 하나를 선택해서 리포트를 쓰도록 했다. 일주일의 기간을 주고 방송에서 보도된 이상의 정보를 추가해서 리포트를 써내게 했다.

신문을 정독하는 학생, 백과사전에서 역사를 조사하는 학생 등 이 프로가 계기가 되어 학생들은 스스로 새로운 정보를 얻게 되었다.

학년말에 감상을 쓰게 했더니 '뉴스가 친근해졌다.', '신문을 구독하게 됐다.', 'TV 뉴스가 궁금해졌다.' 등 대부분의 학생이 외부정보의 취사선택 방법을 몸에 익히게 되었다.

나는 오래간만에 정년퇴직한 한 친구를 만났다. 젊었을 때는 말수가 적었던 친구였지만 그새 달변가로 변해 있었다. 최근의 화제들을 너무도 자세히 알고 있었던 것이다. 나도 처음 듣는 이야기가 술술 나왔다.

친구의 말은 퇴직 후, 시간이 남아서 매일 신문을 처음부터 끝까지 읽고 있다는 것이다. 신문을 열심히 읽는 것만으로도 많은 정보(=화제)를 얻을 수 있었던 것이다. 말수가 적었던 그가 듣는 상대의 흥미를 유발하는 이야기를 할 수 있었던 배경에는 신문이 있었던 것이다.

지금 우리들은 정보의 홍수 속에 살고 있다. 인터넷의 보급으로 우리들이 얻을 수 있는 정보는 무한해진 만큼 우물쭈물하고 있으면 정보에 휩쓸려 떠내려가 버린다.

 이런 시대에 중요한 것은 정보를 주체적으로 받아들이는 자세와, 정리해서 자신의 것으로 만드는 노력이다.

 엄선된 정보를 자신의 것으로 만들 수 있도록 노력해야겠다.

대화에서 중요한 것은 말의 '주고받음'이 아닌 '들어주는 것'이다

'듣는다.'는 한자어로 '문(聞)'으로 쓴다. 이제 '청(聽)'에 대해 말하고자 한다.

'문'은 들리는 소리를 막연히 듣고 있는 상태를 나타내는 한편 '청'은 집중해서 열심히 듣는 상태를 말한다. 여기에서 예를 든 '듣는다.'는 다른 사람의 이야기를 마음으로부터 성의를 가지고 집중해서 '듣는' 것을 부탁하는 것이기 때문에 '청'을 사용하는 것이다.

입사시험의 면접, 대학 입학시험의 면접 등에서 흔히 볼 수 있는 예이다. 면접을 볼 때 그다지 어려운 질문을 했다고 생각하지 않았는데 엉뚱한 대답을 하는 사람이 있다. 준비해 온 것을 잊어버리지 않기 위해 필사적으로 노력할 뿐 이쪽의 질문을 정확히 듣고(聽) 있지 않았던 것이다.

물론 이런 일은 이전에도 있었지만 요즈음은 더욱 빈번히 볼 수 있는 현상이다. 이것도 어느 의미에서 커뮤니케이션 능력의 저하에서 오는 결과가 아닌가 생각한다. 제한된 좁은 범위의 커뮤니케이션밖에 하지 않기 때문에 다른 사람의 이야기를 들을 기회가 극도로 적어졌기 때문이다.

유창하게 말하는 것만으로는 불충분한 상대의 이야기를 정확히 듣는 능력이 없으면 대화는 이루어지지 않는다.

'서로 이야기한다.'라기보다는 '서로 들어준다.'라고 하는 편이 좋을 만큼 듣는 능력은 중요하다.

우리들은 타인들의 이야기를 듣다가 마음에 걸리는 단어가 나오면 그 단어에만 반응을 하기 쉽다. 말하는 사람이 "점심때 칼국수집……." 하고 말하는 순간, "나도 칼국수를 먹었는데, 역 앞에 칼국수집이 맛있지." 하고 말할 때가 있다.

상대방이 칼국수집에서 친구를 우연히 만난 이야기를 하려고 했는데 말하는 도중에 말참견을 하면 말을 하고 싶은 마음이 없어진다.

적어도 대화를 하려고 생각했다면 상대방의 이야기를 마지막까지 듣는 노력을 해야만 하며, 이것은 최소한의 예의이다.

'잘 들어주는 사람'이
'말을 잘하는 사람'이다

예로부터 '말을 잘하는 사람은 잘 들어주는 사람.'이라고 했다.

아나운서는 다양한 사람을 만나서 인터뷰하는 것이 직업이다.

나는 소위 '말을 잘한다.'고 하는 사람들을 만나 많은 대화를 나누었다. 그러나 말은 잘하지만 잘 들어주는 사람은 의외로 드물었다. 내 말을 끝까지 듣지 않고 도중에 끼어들거나 무시하는 경우가 많았던 것이다. 바쁜 사람들이기 때문에 어쩔 수 없다고 수긍하기도 하지만 이런 사람들이 많이 있다.

말을 잘하는 사람이 반드시 잘 들어주는 사람은 아닌 것이다.

오래전의 일이다. S 아나운서와 같은 프로에서 일을 한 적이 있었다.

리포터였던 내가 취재를 끝내고 와서 S 아나운서에게 보고할 때, 그는 선한 눈으로 나를 보면서 이야기를 진지하게 들어주었다. 말을 하던 나도 기분이 좋아져 흥이 나서 이야기했던 것을 지금도 기억하고 있다. 전형적인 이야기를 '잘 들어주는 사람'이었던 것이다.

그는 평소에 그다지 말수가 많은 사람이 아니었지만 이치에 맞게 말을 하는 사람으로 방송에서도 군더더기 없이 능숙하고 깔끔하게 방송을 잘 이끌어가는 사람이었다.

그와 일을 하면서 '말을 잘하는 사람이 반드시 말을 잘 들어주는 사람은 아니지만, 잘 들어주는 사람은 반드시 말을 잘하는 사람.'이라고 생각하게 되었다.

그런 생각으로 많은 사람들을 만났다. 사전 회의에서 이쪽의 이야기를 진지하게 들어주는 사람은 카메라가 돌아가고 인터뷰를 시작하면 대부분 예외 없이 좋은 이야기들을 들려주었다. '잘 들어주는 사람은 틀림없이 말을 잘하는 사람'이라는 내 확신은 더욱 굳어졌다.

내가 젊은 아나운서들에게 조언을 해야만 하는 위치가 됐을 때, 그들이 수록해 온 비디오테이프를 편집하기 전에 반드시 보게 되었다.

젊은 아나운서들은 인터뷰나 취재에 익숙하지 않았을 때에는 상대방이 대답하고 있을 때 다음 질문을 생각하기 때문에 상대방의 대답을 듣고 있지 않는다는 것이 표시가 난다고 지적을 해주어야 하기 때문이다.

이럴 때, 화면에는 연출자밖에 나오지 않고 있는데 어떻게 알 수 있느냐라는 질문을 자주 받는다. 그때 나는 '당신이 들고 있는 마이크가 죽어 있다.'고 대답한다. 의욕을 가지고 이야기를 듣고 있는 사람의 들고 있는 마이크에서는 힘이 느껴진다. 그러나 상대방의 말을 듣고 있지 않은 사람의 마이크에서는 정열과 힘이 느껴지지 않는다. 이런 조언을 살려 그들은 경험을 쌓아갈수록 말을 잘 들어주는 사람이 되고, 말을 잘하는 아나운서로 성장해 가는 것이다.

퍼블릭 스피킹에 필요한 '4가지 대화 능력'

대화 능력을 향상시키기 위해 다양한 방법이 있겠지만 여기서는 '논리력', '표현력', '이해력', '대응력'이라는 4가지 방법을 소개하고자 한다.

논리력은 생각나는 대로 장황하게 이야기하는 것이 아닌, 목적을 가지고 자신이 이야기하고 싶은 것을 전달하기 위한 준비로써 필요한 능력이다.

우리들은 말을 할 때, 일단 말을 시작하고 이야기하면서 결론을 찾아가는 경우가 많다. 여기서 말하는 논리력은 무엇을 말하고 싶은가(결론)를 명확하게 하고, 그 결론을 상대에게 이해 받기 위해 어떻게 이야기하면 좋을까를 생각하는 힘이다.

　표현력은 문자 그대로 이쪽의 생각, 의견, 감상 등을 정확하게 전달하기 위해 요구되는 힘이다. 설득력이라고 해도 무방할 것이다.
　같은 내용을 이야기하더라도 사람에 따라 설득력은 달라진다. 단어의 선택이나 전개력의 차이에 따라 설득력이 커지거나 표정, 몸짓, 손짓도 상대를 이해시키는 요소가 된다.

　이해력은 '듣는 힘'이라고 표현할 수 있다. 잡념 없이 상대의 이야기를 충분히 들어주는 힘인 것이다.
　우리들이 말을 하는 상대는 말을 잘하는 사람들만 있는 것이 아니다.
　상대가 무엇을 이야기하고 싶은가를 이해하기 위해서는 집중력이 요구된다. 그 집중력을 향상시키기 위해 어떻게 하면 좋은가를 생각해야 한다.

　대응력은 상대의 반응에 대해 적절히 대답하는 힘이다.
　복수의 사람들의 대화에서는 서로가 반응을 하지 않으면 소용이 없다. 상대의 이야기를 이해해도 적절히 반응하지 않으면 대화는 그것으로 끝나버린다.
　대응력은 대화의 분위기를 끌어올리는 능력이라고 할 수 있는 것이다.

　논리력, 표현력, 이해력, 대응력이 상관관계를 가지고 잘 어울리는 것이 멋진 대화라고 할 수 있는 것이다.

'대화의 4요소'를 연습해야 한다

 말을 잘하기 위해서는 말만 거침없이 화려하게 하기 위한 트레이닝을 하면 된다고 생각하기 쉽지만 대화의 내용이 없으면 말을 잘하는 것이 아니다.

 이 책에서는 어떻게 정보를 정리하고 자기 것으로 만들고 활용할 수 있는가라는 관점에서 정리하겠다.

 아나운서를 지망하는 사람이 상담을 해올 때, 반드시 받는 질문이 "아나운서가 되기 위해 학생시절에 어떤 공부를 해야 하는가." 하는 것이다.

 나는 "특별한 기술을 공부할 필요는 없다. 가능하면 매일 신문을 열심히 읽어야 한다."고 대답하고 있다.

신문을 읽는다는 것은 당연히 정보를 얻는다는 첫 번째 목적 외에 사물에 대한 관점과 가치관과 생각하는 법을 배우는 것이다. 동시대를 보는 시각, 이 시대의 모순은 무엇인가, 무엇을 바꿔야만 하는가라는, 생각하는 힘을 얻을 수 있는 것이다. 그것을 알 수 있고 이해시켜 주는 것이 신문인 것이다.

어떤 면접에서 아나운서 지망생에게 '가까운 역에서 모 방송국까지 걷는 동안 마음에 걸리는 것은 없었습니까?'라는 질문을 했다. 많은 사람이 풍경밖에 말하지 않았는데 한 사람이, '6월인데 보도에 낙엽이 쌓여 있었습니다. 가로수를 보면 지금이라도 떨어질 듯한 잎사귀가 많았습니다. 배기가스가 나무를 이렇게 괴롭히고 있다고 느꼈습니다.' 하고 대답했다.

다음은 '신문을 읽고 있습니까?' 하고 묻자 '아무리 시간이 없어도 신문은 매일 읽고 있습니다.' 하고 대답했다. 사투리를 쓰던 그 사람은 현재 모 방송국 아나운서로 대활약을 하고 있다. 자신만의 확실한 시점을 가지고 아나운서에게 필요한 대화의 기술을 마스터했기 때문이다.

1장
논리력을 향상시켜야 한다

자기소개로
자신의 논리력을
측정하자

퍼블릭 스피킹의 기본

지금부터 1분간 자기소개를 해보자.

신입사원으로 선배들 앞에서 자기소개를 하는 장면을 생각하면 되겠다.

우선 이야기할 내용을 머릿속에서 정리해 둔다. 준비가 끝났으면 시간을 재면서 자기소개를 시작하는 것이다. 녹음을 해두는 것도 좋은 방법이다.

1분은 짧은 듯하지만 의외로 길게 느껴질 것이다. 먼저 1분을 채우지 못했다면 다시 한 번 준비를 해서 1분이라는 시간에 익숙해져야 한다.

개인에 따라 차이는 있지만 1분간 말할 수 있는 문자수는 대략 350자 정도이다. 이것을 기준으로 삼으면 된다.

다음은 내용이다.

'홍길동이라고 합니다. K대학 출신입니다. 전공이 경영학이지만 경영학은 그다지 좋아하지 않았습니다. 학교 때는 야구부에서 중견수 5번 타자를 쳤습니다. 취미는 음악 감상입니다. 비틀즈를 좋아합니다. 집은 ○○동이고 회사까지 지하철을 타고 출근합니다. 잘 부탁드립니다.'

자기소개를 하라고 하면 대략 이런 정도였을 것이다. 이렇게 해서 당신이라는 존재를 다른 사람들에게 얼마나 어필했는가?

당신의 주위에 대해서는 어느 정도 알 수 있었다. 하지만 자신의 목적은 '나는 이런 사람이다.'라는 것을 알게 하는 것이 아닐까? 이런 자기소개로는 자신이 어떤 생각을 가지고 있고, 어떤 생각으로 이 일을 시작했는지 알 수가 없다. 자신을 알리기 위해서는 무엇을 이야기하면 좋을지 다시 한 번 생각해야 한다. 잡다한 것을 이야기하면 듣는 사람은 무엇을 들어야만(聽) 하는지 정신이 산만해진다.

회의나 강연 같은 격식이 필요한 중요한 자리에서 이야기하는 것을 퍼블릭 스피킹이라고 한다. 이러한 장소에서는 일상적인 대화와는 다른 화법으로 말해야 한다.

퍼블릭 스피킹을 정리해 보면 다음과 같다.

① 색다른 장소에서 ② 제한된 시간 안에서 ③ 한 가지 주제에 대해 ④ 정리된 내용을 ⑤ 상대방에게 바르게 전달할 수 있도록 말하는 것이라고 할 수 있다.

막연히 이야기해서는 전달할 수 없는 것이다. 연습이 필요할 것이다.

논리 정연한 자기소개

퍼블릭 스피킹에서 논리적인 자기소개라는 것은 어려운 일이다. 논리 정연한 자기소개라고 바꿔 말해도 좋을 것이다.

짧은 시간 내에 많은 것을 논리 정연하게 이야기하는 것은 불가능하기 때문에 한 가지 주제에 대해 말하도록 염두에 두어야 한다.

홍길동 씨의 자기소개에 대해 생각해 보자.

그가 말한 것은 출신대학, 학부 그리고 경영학은 좋아하지 않았다.

야구부에서 중견수 5번 타자였으며, 취미, 자택, 출근경로이다. 이런 많은 것들을, 자신을 알리기 위해 최선이라고 생각되는 한 가지 테마로 초점을 맞춰야 한다. 야구부를 테마로 이야기해 보자.

'홍길동입니다. 고등학교 야구부에서 5번 타자를 치면서 중견수를 맡았습니다. 고등학교부터 야구를 하고 있었기 때문에 별다른 거부감 없이 야구부에 들어갔지만, 대학 레벨은 생각했던 것보다 높았기 때문에 처음에는 볼 보이를 했습니다. 그만둘까 생각한 적도 있지만 이대로 포기하고 싶지 않았기 때문에 아무리 피곤해도 매일 집에서 500번씩 스윙연습을 했습니다.
이런 연습 끝에 2학년 말부터 배팅이 좋아졌고 3학년 때에는 레귤러가 되었습니다. 4학년 때는 클린업 트리오로 활약하여 춘계대회에서 우승도 했습니다. 노력이 결실을 맺었다고 생각합니다. 회사에서 아직 아무것도 모르기 때문에 불안감도 있지만 대학 때의 이런 경험을 살려 노력해 갈 생각입니다. 여러분, 잘 부탁드립니다.'

이것이 대략 1분간 말할 수 있는 길이이다. 이렇게 말하면 한 가지 테마로 논리 정연한 내용이라고 할 수 있을 것이다.

그리고 무엇보다도 자신이 어떤 생각으로 어떤 일을 해왔는지 잘 알 수 있다.

이렇게 말할 수 있는 힘을 논리력이라고 한다. 이 정도로 자기소개를 할 수 있다면 당신에게 논리력이 생겼다고 할 수 있다.

자신에 관해 상세하게 말하는 것을 부끄럽다고 생각하는 사람이 많다. 하지만 절대로 그렇지 않다. 자신을 상대에게 알리기 위해서는 자신의 체험을 이야기할 수밖에 없다.

용기를 가지고 자신을 표현해야 한다.

잡담과
퍼블릭 스피킹의
차이를 인식하자

잡담하는 것과의 차이

친한 친구와 이야기하는 것은 즐거운 일이다. 너무 즐거운 나머지 시간 가는 줄 모르고 이야기에 푹 빠지기도 한다.

이야기의 효용성은 많다. 하지만 이야기에서 무언가를 얻었다거나 공부가 되었다는 것은 결과이지 처음부터 일정한 목적을 가지고 이야기하는 사람은 없을 것이다.

어느 날 지하철을 탔을 때 옆 좌석에 3명의 중년여성이 앉았다. 그녀들은 앉자마자 곧 이야기를 시작했다. 나른한 잠에 취해 있던 나는 그녀들의 이야기를 듣게 되면서 졸음이 달아났다. 한 명의 이야기가 끝나면 곧바로 다음 사람이 다른 이야기를 시작했다. 말이 쉴 새 없이 기관총처럼 쏟아지고 있었다.

남편 흉에서 아이들 자랑, 친구들 이야기 등등 화제는 끝이 없었다. 옆에 앉아 있는 사람은 안중에도 없었다. 좋은 기회다 싶어 그녀들의 이야기를 메모하게 되었다.

그리고 알게 된 것은 그녀들의 대화에는 우선 맥락이 없다는 것이다.

그녀들은 서로 이야기하는 사람의 말은 전혀 듣지 않고 자신이 말할 기회만을 노리고 있었던 것이다. 그리고 말은 왔다갔다 일정한 순서가 없었다.

당신도 이런 장면을 본 적이 있을 것이다. 행여 당신들도 같은 행동을 하고 있다고 생각해 본 적이 있을 것이다. 이것이 전형적인 일상에서의 대화, 소위 잡담인 것이다.

퍼블릭 스피킹은 이것의 반대라고 생각하면 된다.

사전에 일정한 목적을 가지고 이쪽의 생각이나 의도를 알기 쉽게 상대에게 전달하고, 상대의 말을 잘 들어주어야 한다. 그리고 상대방은 이야기 속에서 다음 말할 내용을 시사하고 있기 때문에 이에 따라 말을 전개해 가야만 한다. 그 결과 일정한 성과를 얻는 것이 퍼블릭 스피킹이다.

말하는 상황을 생각하자

지금부터 잠시 당신의 대화생활을 스스로 관찰해 보기 바란다. 그리고 어떤 장면이 잡담이고 어떤 장면이 퍼블릭 스피킹인가 구분해 보자.

우리들을 둘러싸고 있는 대화의 장면은 여러 가지이다. 가족과의 대화, 회사동료와의 대화, 선배와의 대화, 상사와의 대화, 쇼핑에서 직원과의 대화, 길을 묻는 사람과의 대화 등등 예를 들면 끝이 없다.

그럼 가족과의 대화는 전부 잡담인가 하면 꼭 그렇지도 않다. 아버지와의 대화를 상상해 보자. 흔한 신변잡기를 말하고 있을 때는 이야기(잡담)이지만, 아버지에게 집안의 경제 사정으로는 좀 무리인 물건을 사달라고 부탁할 때에는 설명을 잘할 필요가 있을 것이다. 이것도 넓은 의미에서 퍼블릭 스피킹이다.

상사와의 대화도 마찬가지이다. 영업활동의 결과 보고도 물론 퍼블릭 스피킹이다. 그런데 그 상사가 당신의 배우자를 알고 있다고 가정하고, 상사가 배우자의 근황을 물었을 때는 어떨까? 부인에 관한 것이어서 가벼운 이야기인 듯하지만 허물없는 사이에서도 예의는 필요한 것이어서 퍼블릭 스피킹이라 할 수 있다.

이와 같이 같은 사람과의 대화에서도 대화의 내용이나 상황에 따라 말하는 법을 바꾸지 않으면 안 된다.

좀 까다로운 것이지만 사회생활을 원만히 해나가기 위해 필요한 것이다. 지금까지 특히 의식하지 않았던 사람이 많을 것이라고 생각되지만 다시 한 번 어떤 경우가 퍼블릭 스피킹이어야만 하는가를 확인해 보자.

주제를 정한 후
결론을 생각하고 설명하는
습관을 갖자

한 가지 주제

자기소개는 한 가지 주제에 관련해서 말하는 것이라고 했다. 이 한 가지 주제는 자기소개만을 가리키는 것이 아니다. 모든 대화나 이야기에 적용될 수 있다.

황급히 올라탄 지하철이 어디로 가는지 모른다면 불안할 것이다. 초조함과 불안감에 누군가에게 물어보는 것도 망설여진다. 상대방이 '도대체 무엇을 묻고 싶은 것인가.' 하고 생각하는 이야기에는 귀를 기울이지 않게 된다.

내가 방송국에 근무할 때 직장에서 가장 빈번하게 사용되던 단어는 '무엇을'이었다. 프로그램의 기획회의에서 '말하고 싶은 것은 무엇인가.', 5분 리포터가 끝나고 대기실에 돌아가면 '무엇을 말하고 싶었는가.', 혹은 생중계에서 돌아오면 '그런데 무엇을 말하려 한 거야.' 하는 말을 자주 들었다.

　방송에서 '무엇을'이라는 단어는 제작자가 가장 말하고 싶어 하는 것, 제작자가 전달하고 싶은 의도를 말한다.

　1분간의 뉴스나 수분간의 리포터와 중계방송에서도 전달자의 의도가 시청자에게 전달되지 않으면 방송의 의미가 없다. 45분이나 60분의 특집이나 스페셜 등 장시간 방송에서도 똑같다.

　TV를 본 사람에게 '결국 무엇을 말하고 싶었나.' 하는 회의를 들게 하는 프로를 만드는 것은 허용되지 않는다. '무엇을'이 단적으로 표현되는 것이 제목(타이틀)이다.

　TV뿐만이 아니다. 영화나 소설에서도 작자는 자신의 의도를 담은 제목을 붙인다. 제목을 보고 영화를 보러 가거나 책을 살 것이다. 제목에 몇 개의 요소나 의도를 넣을 수는 없다. 요소는 한 가지이다. 즉 '무엇을'은 한 가지인 것이다.

　대화도 똑같다. 말하는 사람은 한 가지의 '무엇을'을 정해서 그것을 듣는 사람에게 이해받기 위해 말하는 것이다. '무엇을'은 '결론'이라고 할 수 있다. 한 가지 결론을 정해서 그 결론을 향해서 이야기하는 것이다.

최소한 5초는 생각하자

　우리의 말투를 점검해 보아야 한다. 목적을 확실히 하지 않은 채 말을 시작하지는 않는지, 또는 이야기의 종착역을 생각하지 않고 말을 시작하지는 않는지, 말하는 도중에 결론이 보일 것이라고 생각하고는 막연히 말을 시작하지 않는지 다시 한 번 생각해 보아야 한다.
　말을 시작하기 전에 최소한 5초는 생각해야 한다. 가벼운 대화에서는 5초간 시간을 두면 어색한 분위기가 될 수도 있기 때문에 무리일지도 모르지만 퍼블릭 스피킹에서는 괜찮다.
　모두들 상대에게서 무엇인가를 얻으려 하기 때문에 들으면서 상대의 생각을 정리해 간다. 이야기가 끝나면 5~10초 정도의 시간을 이용해서 상대에 대한 자신의 생각을 정리하는 것이다. 그러면 당신이 말하려 하는 결론이 보일 것이다.
　국회 예산위원회 중계방송을 본 적이 있는가? 질문자의 질문이 끝나면 위원장이 '예산처장'을 지명하고 예산처장은 답변을 위해 지정된 곳으로 간다. 질문이 끝나고 예산처장이 답변을 시작하기까지 걸리는 시간은 약 5초 정도이다.
　이 5초 동안 예산처장은 무엇을 말할까를 생각하고 있다. 예산처장의 답변이 끝나면 위원장이 질문자를 지명하고 질문자가 질문을 한다. 이 사이도 5초 정도이다. 질문자도 이 시간을 이용해서 다음 질문을 생각한다. 짧은 시간이기 때문에 '무엇을', 즉 결론을 정하는 것만으로 무엇부터 말하기 시작해서 어떻게 전개할 것인가 하는 것까지는 생각할 수 없다.

예산위원회의 논쟁을 주의 깊게 들어보면 결론부터 말하기 시작하는 사람이 많다. 듣고 있는 사람이 논점을 잘 이해할 수 있기 때문이다. 우선 결론을 말하고 그 뒤에 결론을 설명하는 방법이다.

본회의에서는 질문자나 답변자가 미리 준비된 원고에 따라 읽는 일이 많기 때문에 박력이나 생동감은 그다지 없지만 예산위원회의 논쟁은 '우선 결론, 그리고 설명'의 반복이기 때문에 듣고 있는 사람에게 흥미를 불러일으키게 되는 것이다.

대화의 장에서도 이 예산위원회에서의 방법을 참고로 하면 된다. 일상의 대화에서도 이 방법을 적용하면 된다. 특히 퍼블릭 스피킹에서는 결론이 명확하지 않으면 듣는 사람이 당혹해하기 마련이다. '먼저 결론, 그리고 설명'의 원칙을 활용해야 한다.

이를 위해 '말을 시작하기 전에 5~10초 정도 숙고한 후 말하려 하는 주제의 결론을 생각하는 훈련'을 해야 한다.

'육하원칙(5W 1H)'을 확립하자

'육하원칙'을 복습하자

결론을 이끌어냈다고 하고, 이번에는 말의 논리를 어떻게 세우고 전개해 나가는가 하는 문제이다.

논리가 확립되어 있지 않으면 역시 듣는 사람에게 논지가 전달되지 않는다.

말의 논리를 정립할 때 기본적인 원칙은 육하원칙이다.

영어의 의문사, WHO, WHEN, WHERE, WHAT, HOW, WHY의 첫 글자를 딴 것으로 '누가', '언제', '어디서', '무엇을', '어떻게', '왜'라는 것이다.

- 그것은 누구인가
- 그것은 언제인가
- 그것은 어디서 일어난 것인가
- 그것은 무엇에 관한 것인가
- 그것은 어떻게 되었는가
- 왜 그렇게 되었는가

이야기에는 위의 요소들이 필요하다. 물론 육하원칙 요소 하나가 빠졌다고 말이 되지 않는 것은 아니다. 장면 장면에서 몇 개의 요소가 필요 없을 때도 있지만 말의 기준치로 기억해 둘 필요가 있다.

'육하원칙'의 실례

회사에서 부장이 부재중일 때 전화가 왔다. 회사에 돌아온 부장에게 전화의 내용을 전할 때의 장면을 상상해 보도록 하자. 부장을 찾는 전화를 받은 사람은 부하직원이다.

'부장님, A 사에서 전화가 왔었습니다. 부장님이 부재중이라고 하니까 갑자기 화를 냈습니다. 아무래도 저희 회사가 납품한 제품에 결함이 있었던 것 같지만, 갑자기 화를 낼 필요는 없지 않습니까? 아마 내일 저희 회사로 올 것 같습니다. 내일 부장님이 잘 말씀하셔야 할 것 같습니다.'

이런 식이라면 부장은 당황해할 것이다. 자회사의 제품에 무슨 결함이 있었던 것 같은 것과 내일 누군가가 오는 것은 알 수 있지만, 자세한 사정은 전혀 알 수가 없다. 이런 부하직원을 둔 부장은 서글퍼질 것이다.

이 예를 육하원칙에 따라 고쳐보자.

'부장님, A 사로부터(누가) 3시쯤(언제) 전화가(무엇을) 왔었습니다. 저희 회사 제품인 ○○의 결함 때문에(왜) 수취인 지불로(어떻게) 반품(무엇을)하고 싶다고 합니다. 저희가 납품한 ○○ 모두 결함이 있기 때문(왜)이라고 합니다. 내일 10시쯤(언제) A 사의 사장이(누가) 저희 회사로(어디로) 찾아오시겠답니다.'

이것으로 육하원칙을 갖춘 이야기가 되었다. 이 보고에서 부장은 정확히 납득하고 내일까지 기다리지 않고 A 사의 사장에게 사과전화를 할 수 있으며, 신속하게 대처할 수 있을 것이다.

첫 번째 예에서 부장이 다시 물어보면 되지 않느냐고 말할 수 있겠지만 비즈니스 세계에서 허술한 행동은 허용되지 않는다. 애매모호하고 서툰 보고가 오해를 초래하는 경우도 있다. 앞으로 당신이 말할 때 항상 육하원칙을 염두에 두고 말하는 것을 익혀두어야 한다.

첫 번째 예에서 '화를 냈다.'고 하는 말이 있었다. 상대 회사 사장의 목소리가 화를 내고 있는 듯이 들렸을지도 모르겠지만 이것은 당신만의 느낌일지도 모른다.

사실과 느낌은 확실히 구분해야 한다. 이것에 대해서는 '제2장 표현력을 향상시켜야 한다'에서 자세히 설명하도록 하겠다.

수사어와 추상어를 줄이고
정서적인 대화에서 논리적인 대화로
이끌어야 한다

형용사, 부사를 줄이자

이번 장에서는 부탁을 하는 연습과 당신의 이야기에서 될 수 있으면 형용사와 부사를 줄이는 노력을 해보도록 하겠다.

우선 당신의 이야기를 점검해 보도록 하자. 형용사나 부사가 많은 것을 느낄 것이다. 형용사나 부사가 많은 이야기를 정서적인 이야기(대화)라고 한다. 왜 형용사나 부사가 퍼블릭 스피킹, 즉 논리적인 대화에 어울리지 않는가 하면 형용사나 부사는 듣는 사람에 따라 받아들이는 것이 다르다.

논리적인 이야기는 하나의 단어가 말하는 사람과 듣는 사람에게 같은 의미나 이미지로 이해되어야만 하기 때문이다.

'저 사람은 현명한 사람이다.'라고 말할 때 말하는 사람이 생각하는 현명함과 듣는 사람이 생각하는 현명함이 반드시 일치한다고 할 수 없다.

TV 아나운서가 꽃밭에서 생중계를 하고 있는 방송에서 '무척이나 아름다운 꽃밭입니다.' 하고 말하여 다음 날 가보면 그다지 아름답지 않았다고 하는 경우를 몇 번인가 들은 적이 있다.

물론 '형용사나 부사가 모두 안 된다.'고 말하는 것은 아니다. 영하로 떨어진 아침 추위에 '춥군요.', '정말 춥습니다.'라는 대화에서는 서로 같은 상황을 공유하고 있으며, 상상하는 이미지가 같기 때문에 허용된다.

서로의 대화에서 한 사람이 '어제 강릉에 갔었는데 정말 추웠다.'라고 말할 때의 '추웠다.'는 강릉에 간 사람만이 실감할 수 있다. 서울에 있었던 사람은 추위의 정도를 알 수가 없다. 그렇지만 이 경우 '춥다.'라는 단어를 사용할 수밖에 없기 때문에 '아침 최저기온이 영동지방은 영하 10도로 내려갔습니다.'라고 사실을 보충해야만 한다. 앞서 아나운서 방송을 예를 들어 다음과 같이 말하면 어떻겠는가.

'○○도 ○○군 코스모스 꽃밭입니다. 사방 500미터에 이르는 꽃밭에 약 5만 송이의 코스모스가 심어져 있습니다. 붉은색과 핑크색 그

리고 노란색과 보라색의 천지입니다. 이번 주말에 절정을 맞이한다고 합니다.'

여기에 형용사는 없다. 모두가 사실이다. 보고 있는 사람은 이 사실을 들으면서 '아름답다, 가볼까.' 하는 감정을 느끼게 되는 것이다.

어쩔 수 없는 경우도 있겠지만 결국 형용사나 부사의 느낌을 느끼는 것은 듣는 사람이다. 말하는 사람은 형용사나 부사에 의지하지 않고 사실만을 전달하는 노력을 해야 한다.

애매모호한 표현은 금물

정서적인 이야기에는 애매모호한 표현이 많다. 애매모호한 표현이란 이렇게도 저렇게도 생각할 수 있는 표현을 말한다.

다음은 회사에서의 상사와 부하직원의 대화이다.

상사 : B 사에 갔다 왔군. 잘되었나?
부하 : 반응이 그다지 신통치 않았습니다.
상사 : 그래 흔쾌히 만나 주던가?

부하 : 만나는 주었지만 시종 신통치 않은 표정이었습니다. 어떻게 해볼 수가 없었습니다.

상사 : 그래, 난처했겠군.

부하 : 무척 곤란했습니다.

상사 : 좀 더 인내를 가지고 노력해 보게.

부하 : 알았습니다.

이 대화에서 알 수 있는 것은 거의 없다. 두 사람은 서로 알고 있는 듯 말하고 있지만 이 대화에서 사실은 거의 없다. '잘되었나.', '흔쾌히', '신통치 않은 표정', '어쩔 수가 없었다.', '곤란하다.', '인내를 가지고' 등등 명확히 상상할 수 없는 단어의 반복뿐이다.

일상의 대화에서는 서로 잘 알고 있기 때문에 편안하게 이야기해도 괜찮다. 하지만 퍼블릭 스피킹에서 이런 대화는 허용되지 않는다. 몇 개의 의미로 생각할 수 있는 애매모호한 단어는 퍼블릭 스피킹에서는 허용되지 않기 때문이다.

'무엇이 어떻다.'라는 명확한 사실이 필요하다.

논리력을
키우기 위해
신문을 정독하자

신문에서 배울 수 있는 것

논리력을 키우기 위한 지름길은 신문을 정독하는 것이다.

신문에서 얻는 것은 첫째로 정보이지만 동시에 신문기사는 대단히 논리적으로 쓰여 있기 때문에 논리를 세우는 힘을 배울 수가 있다.

신문기사는 서술체로 쓰여 있기 때문에 그대로 대화에서 쓰기에는 무리가 있지만 논지의 흐름을 이해하기 위해서는 중요하다고 할 수 있다.

우리들은 신문을 읽음으로써 자신도 모르는 사이에 사물을 보는 관점과 생각하는 힘을 배우게 된다. 이것이 기초가 되어 다양한 사물에 대한 이해력, 판단력이 길러지는 것이다. 이 반복이 대화에서도 활용되고, 큰 노력을 하지 않고도 논리적으로 이야기를 할 수 있게 되는 것이다. 매일 읽는 신문이 이렇게 자신도 모르는 사이에 논리력을 향상시켜 주고 있는 것이다.

나는 학생들에게 반드시 신문을 읽고 있는가를 묻고 있지만, 매일 읽고 있다고 대답하는 학생은 점점 줄어들어 최근에는 10%대까지 감소했다. 또 전혀 읽지 않는다는 학생도 50%를 넘었다. 물론 스포츠신문은 제외한 비율이다.

작년 12월 매스컴 분야 지원을 희망하는 학생들을 위한 취업세미나에서 강연을 했을 때 수강한 학생들에게 신문을 읽고 있는가 하고 물어보았다. 매스컴 분야에서 일하기를 희망하는 사람들이기 때문에 대부분의 학생이 신문을 읽고 있다고 생각했던 것이다. 그러나 읽지 않는 학생이 25%나 되었다.

이 책의 독자들도 신문을 읽고 있다고 생각하지만, 만약 읽지 않고 있다면 오늘부터라도 늦지 않았다. 매일 신문을 읽는 습관을 갖도록 해야 한다.

신문의 어느 부분을 읽을까

신문을 빠짐없이 읽는 것은 많은 시간을 요한다. 신문은 읽어야 한다고 생각하면서도 시간이 없어서 제목만 읽고 지나가는 사람은 무슨 일이 일어났는지는 알지만, 무엇이 어떻게 발생했고, 지금 어떻게 됐으며, 앞으로 어떻게 전개되어 갈 것인지에 대한 내용은 알 수가 없다. 신문을 대화에 연결하기 위해서는 이러한 것을 읽어두어야 한다.

바쁜 사람은 신문기사 중에서 사물의 관점과 생각하는 법을 익히기 위한 좋은 방법은 우선 사설을 읽는 것이다. 사설은 최신 뉴스에 대해서 그 신문사의 관점을 섞어 해설하고 있다. 정보로써의 뉴스를 얻음과 동시에 그 뉴스의 배경과 문제점이 쓰여 있다. 크게 참고가 될 것이다.

사설이 딱딱하고 어렵다는 사람은 신문의 오피니언란이나 여론란을 읽을 것을 권한다. 사설과는 조금 다르면서도 보다 친근하게 글을 쓴 사람의 주장을 접할 수 있다. 그리고 칼럼도 참고가 된다.

시간의 여유가 있는 사람은 특집기사를 읽는 것도 좋을 듯하다. 이름이 알려진 사람의 칼럼을 읽으면 그 사람의 얼굴이 떠올라 보다 이해력도 깊어질 것이다.

평소 흥미를 가지고 있던 특집기사는 반드시 읽어두어야 한다.

나는 학생들에게 칼럼이나 사설을 참고로 해서 그 기사와 관련한 자신의 체험 리포트를 정리하는 것을 반복해서 시키고 있다. 그것을 기본으로 이야기를 시키면 사람들 앞에서 당당히 말을 할 수 있게 되기 때문이다.

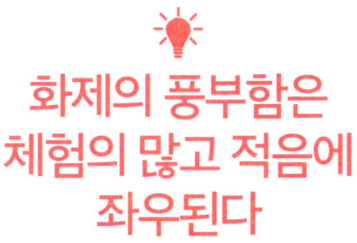

화제의 풍부함은 체험의 많고 적음에 좌우된다

체험을 기억해 두자

말을 잘하는 사람이 되기 위해서는 풍부한 화제를 가지고 있어야 한다. 자신이 살아온 인생 속에서 실제로 체험한 일도 화제가 되며, 지금까지 신문이나 TV, 타인의 이야기 등도 자신의 것으로 만들면 화제가 된다. 외부에서 들어온 것도 자신의 오감을 통한 것이기 때문에 넓은 의미의 체험이라고 할 수 있기 때문이다.

화제를 풍부하게 하는 것은 체험을 늘리는 것이다.

체험을 화제로 항상 사용할 수 있는 상태로 만들기 위해서는 기억을 해둘 필요가 있다. 지금 우리들은 정보의 홍수 속에 있다. 잠자코 있어도 정보는 외부에서 끝임 없이 흘러들어 온다. 그런 많은 정보를 기억하는 것은 불가능하다.

새롭게 들어온 정보에 의해 이전의 정보는 기억의 저편으로 사라져 버린다.

정보는 정리해서 저장해 두지 않으면 안 된다. 따라서 이 장에서 당신에게 추천하는 것은 '체험을 보관해 두는 서랍을 늘리자.'라는 것이다. 하나하나의 체험을 넣어 둔 서랍을 가능한 한 많이 가지고 있어야 한다.

서랍을 만드는 방법은 여러 가지가 있겠지만 내가 오랫동안 사용해 온 카드를 활용하는 방법을 소개해 보겠다.

체험을 적은 카드를 만들자

신입 아나운서 시절, 한 선배 PD로부터 귀중한 조언을 들었다. 방송 프로를 제안하기 위한 자료 수집은 우리들의 일과라는 것이다. 하지만 소재는 그렇게 간단하게 발견할 수 있는 것이 아니다.

방송소재를 제안하지 못하고 고민하고 있던 나에게 그 선배는 '문구점에 가서 카드를 될 수 있으면 많이 사오라.'고 말했다. 가로 12Cm, 세로 18Cm 정도의 가로선이 인쇄된 왼쪽에 구멍이 2개가 뚫린 카드였다.

선배는 이 카드의 이용법을 설명했다. '사람을 만나서 기억해 두고 싶은 이야기가 있으면 표제를 붙여서 가능한 한 자세하게 쓰고, TV에서 좋은 이야기를 들어도 쓰고, 신문에 흥미로운 뉴스가 있어도 쓰고, 책을 읽고 남겨두고 싶은 부분들도 써놓게.' 하고 말했다.

그리고 '토요일이 되면 일주일분을 다시 읽어보게. 그래도 남기고 싶다고 생각되면 새로운 카드를 사서 옮겨 적게. 월말이 되면 1개월분을 다시 읽어보고 또 남기고 싶은 생각이 들면 다시 옮겨 적게. 3번 썼다면 기억에 남겨질 것이네.' 하고 말했다.

'신문은 스크랩을 하면 되지 않습니까.' 하고 내가 되묻자 선배는 '지금까지 스크랩한 것을 이용한 적이 있는가. 책장 한편에 방치되어 누렇게 퇴색되면 버리지 않았나.' 하고 되묻는 것이었다. 말 그대로였다.

나는 카드를 만들기 시작했다. 인터뷰한 사람의 말 중에 좋은 이야기가 있거나, 좋은 정보가 있으면 끝나고 나서 바로 찻집에 들어가서 잊어버리기 전에 가능하면 인터뷰한 사람의 말투로 써두었다. 신문기사도 요약하면서 써두었다.

그러자 토요일과 월말이 되면 할 일이 산더미처럼 쌓이게 되었다. 카드를 일일이 읽는 것 외에 옮겨 적어야만 했다. 많을 때에는 3시간이나 걸렸지만 선배도 하고 있는 것을 나라고 못 할 리 없다고 계속했다.

1년이 되자 카드를 방송프로의 기획제안에 활용할 수 있었다. 한 장의 카드로는 말이 되지 않았지만 2장, 3장을 조합하면 새로운 문제가 떠오르는 것이었다. 이것이 계기가 되어 몇 편의 방송프로그램을 만들었다.

　그리고 2년이 지나면서부터 내 자신의 아나운서 멘트가 바뀌어졌다. 애드립이 저절로 나오게 되었다. 여러 가지 장면에서 적절한 예를 들 수 있게 된 것이다. 카드 한 장 한 장이 체험의 서랍이 되어 있다는 실감이 들기 시작한 것이 이 시기부터였다.

　당신에게 이렇게까지 하라는 말은 아니다. 그러나 체험노트를 만드는 것도 좋을 것이다. 수첩에 써놓는 것도 좋을 것이다. 어떤 방법이든 단 한 줄이라도 좋으니 써보기 바란다. 체험한 뒤에 가능한 한 빨리 써두어야 하겠지만 말이다.

　그리고 중요한 것은 나중에 2~3번 정도 메모용지에도 좋으니 옮겨 적어야 한다. 그럼 기억에 남겨지게 된다. 체험의 서랍 늘리기에 꼭 한 번 도전해 보는 것도 좋을 듯하다.

논리적으로 말하기 위한 연습, 문장으로 써서 낭독한다

'말하기' 위해 '쓴다'

특정한 테마에 대해 말하는 것을 전제로 문장을 써보기 바란다. 다 썼다면 두 번 정도 소리를 내며 옮겨 적는다. 소리를 내며 옮겨 적다 보면 소리 내어 읽기 어려운 곳이 나올 것이다. 그곳은 익숙하지 않은 말이기 때문에 말하기 쉽도록 다른 말로 바꿔줘야 한다.

다음은 쓴 것을 보지 않고 말해 보는 것이다. 초등학교 때의 작문을 생각해 보면 된다. 말할 때는 그다지 깊게 생각하지 않고 말하기 시작하지만, 막상 쓰려고 하면 집중해서 생각한 것을 기억해야 할 것이다. 이

때 우리들은 테마에 관해 알고 있는 지식을 떠올리면서 무엇을 어떻게 쓰면 좋을까 하고 생각할 것이다.

이처럼 쓴다는 것은 정보를 선택해서 정리하는 것이다.

퍼블릭 스피킹에서는 정보의 정리가 필요하다. 정보의 정리에 익숙해지기 위해 쓰는 것을 권장하는 것은 바로 이 이유 때문이다.

글을 쓸 때에 사용하는 단어와 말할 때 쓰는 단어가 다르다고 말할 수도 있지만 그것을 보완하기 위해 소리를 내서 옮겨 적는 것이다. 묵독을 해서는 알 수가 없다. 소리를 내보면 말로 표현하기에 거북하거나 일상의 대화에서 사용하지 않는 표현이나 단어가 있어서 대화할 때 쓰는 말의 부자연스러운 점을 알게 된다.

글로 쓰면 대화가 이렇게 달라진다

나는 대학에서 '커뮤니케이션 기법'이라는 강좌를 담당하고 있다. 정보를 수집하고, 정리해서 표현(쓰기·말하기)하기까지의 일련의 흐름을, 실습을 통해 체득하게 하려는 목적의 1학년을 대상으로 한 강좌이다.

첫 번째 수업에서는 자기소개를 하고 이것을 비디오로 녹화해서 학생들에게 보여준다.

거의 모두가 막 입학해서 서로 얼굴도 모르는 사람 앞이기 때문에 부끄러워서 "이름은 ○○○이고 취미는 음악 감상입니다.' 정도밖에 말하지 못한다. 이런 모습을 녹화한 영상으로 보여주는 것이다. 자신이 화면에 나타나면 쑥스러워서 고개를 숙여버린다.

두 번째 수업부터는 자신의 장점을 발견해서 그것을 설명할 수 있는 구체적인 체험을 쓰게 한다.

많은 학생들이 2~3줄을 추상적으로 쓰기 시작하다 막혀버린다.

나는 학생 한 명 한 명이 쓴 것을 보며 구체적으로 쓰는 방법에 대해 조언을 한다.

네 번째 수업에서 다 쓴 것을 두 번 정도 읽으면서 옮겨 적게 한다. 그 위에 원고를 보지 않고 학생들 앞에서 말하도록 한다.

거의 모두가 자기소개라고는 믿을 수 없을 정도로 말을 잘한다.

한 학생의 발표를 예로 들어보겠다.

'저의 장점은 생명의 소중함을 알고 있는 것입니다. 이것을 가르쳐준 것은 한 분의 할머님이었습니다.

어느 날, 길을 걷고 있었는데 처음 보는 할머님이 저를 불러 세웠습니다.

발밑에 차에 치인 너구리가 피투성이로 죽어 있었습니다. 할머님은 저에게 땅을 파서 묻어주라고 말씀하셨습니다. 땅을 파자 할머님은 피투성이의 너구리를 가슴에 앉고 "추웠지." 하고 말씀하시며 묻어주었습니다.

2개월 후, 이번에는 제가 혼자일 때 너구리의 시체를 발견했습니다. 구멍을 파서 이번에는 제 옷에 피가 묻는 것을 상관하지 않고 너구리를 묻어주었습니다.

생명의 소중함을 느낀 것은 이때였습니다. 그 후, 아무리 작은 생명이라도 소중하게 생각하게 되었습니다.'

이름과 취미밖에 말하지 못했던 학생이 당당하게 말할 수 있게 된 것이다. 쓰는 것에 의해 머릿속의 생각이 정리된 것이다. 당신도 반드시 말하기 전에 써보아야 한다.

'자신의 정보'를 정리한다
— 대단한 경험을 한 적이 없는 사람은 없다

일기를 쓰자

우리들의 기억은 정확한 것 같지만 의외로 애매모호한 부분이 많다. 선명하게 기억하고 있는 듯하지만 '그때 혼자였어?' 하고 누가 물으면 누구와 있었는지 전혀 떠올리지 못하는 경우가 있듯이, 기억은 단편적으로 남아 있는 경우가 많다.

기억이 애매모호한 상태로 남아 있으면 아무리 좋은 체험도 화제로 쓸 수가 없다.

당신이 예전에 해온 체험의 기억을 더듬어서 쓰는 '기억의 일기'를 만들어 보자. 시간이 있을 때 지금까지 체험해 온 일을 조금씩 기억해 내며 써내려가는 것이다.

지금 쓰는 일기도 작심삼일인데 불가능하다고 말할지도 모른다. 하지만 도중에 일기를 쓰지 않게 되는 것은 '오늘은 딱히 쓸 만한 것이 없다.', 다음 날도 '특별히 쓸 것이 없다.'라는 상태가 계속되다 어느 순간부터 일기를 쓰고 싶은 마음이 전혀 생기지 않게 되는 것이다.

그런데 기억의 일기는 매일 써야만 한다는 의무감이 없다. 쓰고 싶을 때 쓰면 되는 것이기 때문에 작심삼일이 될 걱정은 없다. 며칠 걸려서도 몇 년 걸려서라도 쓰면 되는 것이다. 작가가 밤중에 잠자리에 들어서 문장이 생각날 때를 대비해서 베개 옆에 메모지를 항상 준비해 둔다는 이야기를 들었을 것이다. 이와 같은 이치이다.

나 자신도 젊었을 때 이 이야기를 듣고서 그 후부터 베개 옆에 메모지를 두고 잠을 자게 되었다. 메모지가 옆에 있다는 잠재의식이 있어서인지 신기하게도 많은 것들을 기억해 내고는 한다. 60살을 넘긴 지금은 건망증 방지에도 도움이 된다.

'나는 별다른 체험을 하지 못했다.'라고 말하는 사람이 있다. 하지만 절대 그런 일은 없다.

당신이 25세라고 한다면 25년분의 귀중한 체험을 하고 있는 것이다.

그것을 사람에게 말하면 설득력이 있는 것은 당신만이 체험한 일이기 때문이다.

앞장에서 너구리 이야기를 한 학생도 '이런 이야기라도 괜찮을까.' 하고 걱정스러운 얼굴로 이야기한 것이 계기였다. 자신은 대단한 일이 아니라고 생각해도 남들이 들으면 흥미를 가지는 일은 당신이 생각하는 이상으로 많다.

반드시 기억의 일기를 만들어 보자.

체험별로 분류하자

기억의 일기를 만들기 위해서는 작은 아이디어가 필요하다. 메모지에 기억을 써두는 것만으로 끝인가 하면 그렇지 않다. 메모를 하는 것은 그것만으로 아무것도 하지 않는 것보다는 낫지만 공들여 쓰는 것이기 때문에 그대로 내버려두지 말고 정리해 두어야 한다.

나는 노트에 옮겨 적는다. 그리고 시간이 날 때 읽는다.

약 10년 전에 중학교 은사로부터 자신의 개인사를 만들려고 하는데 도와달라는 부탁을 받았다. 오래간만에 은사의 집에 간 나는 깜짝 놀랐다. 은사는 자신의 체험을 항목별로 10권의 노트에 분류해 놓았던 것이다. 노트의 표지가 변색되어 있었기 때문에 몇 년에 걸쳐서 써둔 것이라는 것을 쉽게 알 수 있었다.

노트의 뒤표지에는 '부모님 관련', '가족 관련', '전쟁 체험', '교육', '제자들' 등등의 표제가 쓰여 있었다. 선생님은 체험을 항목별로 노트에 분류해서 써두었던 것이다.

체험이 정리되어 있어서 개인사의 구성은 하루 만에 끝났다. 집필에도 그다지 많은 시간을 요하지 않아서 3개월 후, 선생님의 개인사는 출판되었다.

우리들이 선생님에게 가르침을 받았던 때부터 선생님은 개인의 항목별 체험을 노트에 빼곡히 써왔다고 하셨다. 젊었을 때에는 노트 한 권이었지만 체험이 늘어날수록 항목별로 구분을 했다고 하셨다.

영어를 담당하던 선생님의 수업은 재미있었고 학생들 모두 선생님의 수업을 열심히 들었던 것으로 기억한다. 영어뿐만 아니라 흥미진진한 이야기를 줄줄이 풀어놓으셨던 선생님의 수업은 평소에 체험을 정리해 두었기 때문이었다는 것을 선생님 개인사 정리를 도와드리면서 알게 되었다.

아무리 작은 일이라도 좋다. 자신의 인상에 남아 있는 체험을 쓰기 시작하라. 쓴 종이를 아무렇게 보관하는 것이 아닌 노트에 정리해 두는 것이다. 그리고 시간이 나면 항목별로 분류해 둘 것을 조언한다.

'외부정보'를 정리한다
—정보의 홍수에 빠지지 않기 위해

정보의 홍수 속에서 무엇을 할까?

지금 우리들을 둘러싼 외부정보는 무수히 많다. TV, 라디오, 신문, 잡지, 광고, 인터넷 등등 다양한 경로를 통해 수많은 정보가 끝임 없이 흘러들어오고 있다. 말 그대로 정보의 홍수 속에 살고 있는 것이다.

많은 정보를 기억 속에 담아둘 수 있으면 좋겠지만 여기에는 한계가 있다. 이 정보는 기억에 남겨둘 것, 이것은 잊어버려도 좋은 것이라는 구분을 할 필요가 있다.

이를 위해 기억 속에 남겨둘 기준을 스스로 설정해야 한다.

그리고 자신이 일을 하고 생활해 나가는 데에 필요한 장르는 무엇인지를 생각해야 한다. 일과 관련해서 필요한 장르는 무엇인지, 자녀양육에 필요한 것은 어떤 장르인지, 취미에 필요한 장르는 무엇인지 정리해서 생각해 보는 것이다. 그것만으로 제1단계의 정보의 선택은 끝났다.

TV의 와이드쇼를 생각해 보면 된다. 정치문제에서 연예계의 스캔들까지 모든 장르의 문제가 우리들의 흥미를 끌 수 있도록 줄기차게 방송된다.

방송되는 정보를 모두 자신의 머릿속에 저장해 둘 수는 없다. 자신에게 필요한 장르가 정해져 있다면 관점이 바뀐다. 집중해서 보는 것과 건성으로 듣는 장르를 구별할 수 있을 것이다.

예를 들어 당신의 일이 가전제품 판매라고 한다면 필요한 정보의 장르는 ① 경제 전반의 동향 ② 첨단산업의 경향 ③ 판매추세의 변천 ④ 백화점에서의 판매추세 ⑤ 할인매장의 현상 등일 것이다. 이처럼 사전에 장르구분을 해두면 정보선택이 쉬워진다.

정보를 저장하는 방법

비교적 규모가 큰 방송국에서는 시청자로부터의 문의를 담당하는 전문 스텝을 두고 있지만 지방방송국에서는 방송관계자가 대응을 해야 한다. 나도 자주 전화 상담을 했지만 가장 곤란한 것은 '언제 무슨 방송인지는 잊어버렸지만 이런 이야기를 한 사람의 이름을 가르쳐 달라.'는 문의였다. 프로그램 이름과 방송 일을 안다면 바로 가르쳐줄 수 있었지만 이것을 잊어버렸다면 우리들도 어쩔 수가 없다.

그런데 이런 종류의 문의가 실로 많다. 무엇을 주제로 한 프로였는지, 출연자를 한 사람이라도 기억하고 있는지, 어떻게 해서든 기억해 주기를 바라지만 결국 아무것도 알지 못한 채 끝나는 경우가 몇 번이나 있었다. '당신은 됐으니 책임자를 바꾸라.'고 화를 내는 경우도 있다.

당신도 누군가와 말을 하면서 '그런데 누군지는 잊어버렸지만 그것에 관해 말했던 사람이 있었다.'는 기억은 나지만 언제, 어디서, 누가, 어떻게 말했는지는 기억해 낼 수가 없는 경험이 있을 것이다. 이때의 답답함은 말로 표현할 수 없을 정도로 기분이 좋지 않다.

우리들의 기억력은 이와 같이 신통치 못한 것이기 때문에 철저히 준비해 둘 수밖에 없다. 따라서 이것도 메모의 활용이 필요하다.

예전에는 메모장에 '비망록'이라고 썼다. 잊어버리는 것에 대비해서 기록해 둔다는 의미일 것이다. 당신도 '비망록'을 준비해 두어야 한다.

노트라면 장르별로 몇 권의 노트를 만들어 두는 것이다. '체험의 서랍' 장에서 말한 정보카드를 활용해도 좋을 것이다. '이것은 기억하고 싶다.'고 생각한다면 써두는 것이다.

한 번 쓴 것으로 기억에 남지 않을지 모르지만 쓰지 않는 것보다는 나을 것이다.

저장정보의 활용법

이제 당신은 자신의 정보와 외부정보를 넉넉하게 저장하게 되었다. 그럼 퍼블릭 스피킹에 대한 걱정은 사라진 것이다.

퍼블릭 스피킹을 지탱해 주는 체험, 즉 당신의 몸에 배어 있는 정보이다. 이 저장해 둔 정보를 활용해서 이야기를 전개해 가면 되는 것이다.

여기에서 다시 한 번 '왜 사람들 앞에서 말을 하면 불안할까.', '격식 있는 곳에서 말하려 하면 긴장할까.'를 생각해 보아야 한다. 사람들 앞에서 긴장하는 것은 대부분 정리된 정보를 가지고 있지 못했기 때문이다.

하지만 당신은 이미 정리되고 저장된 충분한 정보가 있다. 자신감을 가져야 한다. 그리고 적극적으로 말을 하는 것이다. 언제까지 '말이 서툰 사람'이라고 생각해서 뒷걸음질만 하면 조금도 앞으로 나갈 수 없다.

신문으로
'결론을 이끌어내는 연습'을 하자

신문 '거꾸로 읽기'

무엇을 이야기할까, 즉 결론을 명쾌하게 말하라고 몇 번이나 강조해 왔다. 그럼 그 결론은 어떻게 이끌어내면 좋겠는가. 여러 가지 방법이 있겠지만, 가장 빠른 방법은 신문을 거꾸로 읽는 것이다.

신문을 상하로 거꾸로 읽는다거나 한 자씩 거꾸로 읽는 것을 말하는 것이 아니다.

신문에는 '제목'이 있다. 비중 있는 뉴스라면 대제목 밑에 10자 정도의 소제목이 있고, 기사가 이어진다. 편집부에서는 기사를 읽고 기자가 가장 말하고 싶어 하는 것, 즉 결론을 '제목'으로 내건다. 그리고 기사의 요약을 소제목으로 정한다.

독자는 '대제목', '소제목', '기사' 순으로 읽는다.

'거꾸로 읽기'란 '기사', '소제목', '대제목' 순으로 읽는 것을 말한다. 기사가 어떻게 요약되어 '소제목'이 되고, 결론인 '대제목'은 어떻게 정해졌는지 보기 위한 것이다.

매일 신문을 읽을 때, 지금 말하는 '거꾸로 읽기'를 시험해 보자.

우선 기사를 읽고 기사를 요약한다. 그리고 당신이 요약한 것과 소제목을 비교해 본다. 그 위에 대제목을 정하고 실제 신문상의 대제목과 비교해 보는 것이다. 신문사의 편집기자라고 가정하고 하는 것이다.

사설에서 '거꾸로 읽기'를 시험해 보자

다음으로 사설에도 주목해야 한다. 사설은 그 신문사의 의견이나 주장이 담겨 있기 때문에 사설의 제목은 뜻이 응축된 짧은 단어나 말로 표현된다.

'3만 원 대돌파', '시장의 비명이 들린다.'

이는 전날 증권거래소의 평균주가가 3만 원대로 하락한 것에 대한 사설이다. 장기간에 걸친 경기침체가 주가하락을 초래하고, 주가하락이 다시 주가하락의 악순환을 '시장의 비명이 들린다.'라고 결론을 내리고 있다.

신문은 이처럼 '대제목'으로 결론을 독자에게 이해시키고 기사로 내용을 구체적으로 설명한다. 이런 점을 이용해서 결론을 이끌어내는 방법을 신문으로부터 배우는 것이다.

우선 결론을 이끌어내고 결론에 대한 이유를 논하는 신문의 방법은 퍼블릭 스피킹과 상통하고 있다.

신문으로 결론을 추론해 내는 방법을 배워 가면, 이것이 많은 장면에 응용할 수 있는 것을 느낄 수 있다. 강연을 들으러 가거나, 사장의 훈시를 듣거나 할 때, 자연스럽게 '이 사람의 이야기의 결론은 어떤 것일까'를 생각하면서 듣고 있는 자신의 모습을 발견할 수 있을 것이다. 사내에서 회의에 참가하거나 업무회의를 할 때, 말하는 사람의 결론을 생각하려고 할 것이다.

우리나라 사람들의 대부분은 우선 결론을 말하고 왜 그런 결론에 도달했는가 하는 말의 순서에 익숙하지 않다. 이것은 오히려 좋은 공부가 될 것이다. 그렇게 말하는 법을 거울로 삼아 자신이 말할 때에는 말하기 전에 미리 결론을 이끌어낸 후 결론부터 말하고 결론에 이르는 과정을 설명하는 방법이 익숙해져야 한다.

| 연습 과제 |

❶ 당신이 지금 있는 곳을 다른 사람들이 알 수 있도록 이야기해 보자.
❷ 가까운 역에서 집까지 가는 방법을 설명해 보자.
❸ 신문의 기사를 하나 선택해서 내용을 다른 사람에게 얘기하자.
❹ 단편소설의 내용을 요약해 보자.

〈해설〉

위의 과제에 공통점이라고 할 수 있는 것은, 우선 '무엇을 말할까', 즉 결론을 먼저 생각해야 한다는 것이다.

- 과제1은 처음에 당신이 어디에 있으며, 있는 곳이 방이라면 어떤 방인지, 밖이라면 어느 장소인지, 전체상을 말하지 않으면 안 되지만, 될 수 있으면 빨리 하나의 특징에 주목해서 여기에 초점을 맞춰서 이야기해 보는 것이다.

- 과제2는 처음에 기준을 생각하게 한다. 이것이 결론이 된다. 예를 들어 '집은 A역 동쪽 출구를 나와서 전면에 보이는 산기슭에 위치하고, 걸어서 15분 정도이다.'라는 것과 같이 전체적인 이미지를 전

하고 나서, 구체적인 설명에 들어간다.

'곧바로 직진'과 같은 애매한 표현은 피한다. 가능한 한 목표가 되는 것을 구체적으로 설명하는 것이다. 한번 말하고 실제로 걸어보면 지금까지 보이지 않았던 것도 보이게 된다.

- 과제3의 포인트는 선택한 신문기사를 최소한 3번 읽어야 한다. 결론은 제목으로 알 수 있기 때문에 제목을 설명하기 위해서는 어떤 순서로 이야기하면 전달될 수 있을까를 생각해야 한다. 시간은 길어도 1분이다.

- 과제4는 조금 시간은 걸리지만 집중해서 해야 한다. 작가가 소설에서 무엇을 말하고 싶어 하는지를 파악해야 한다.
1분 안에 정리해서 내용을 간결하게 이야기한다.
당신의 인상에 남은 부분을 인용하는 것도 좋을 것이다.

2장
표현력을
향상시켜야한다

듣는 사람의
기분, 입장, 상황을
생각해서 전달하자

상대가 이해하지 못하면 의미가 없다

　우리는 이야기를 할 때 '어떻게 전달할까?' 하는 고민을 한다. 물론 이것도 중요하지만 이야기를 할 때 반드시 듣는 사람이 있다는 것을 잊어버리면 안 된다.
　말은 말하는 사람이 전하고 싶은 것이 듣는 사람에게 전해지고 나서야 처음으로 의미를 지니게 된다. '어떻게 전달할까.'를 생각함과 동시에 '어떻게 전달될까.'를 생각해야 한다.
　이 장에서의 트레이닝은 '상대의 눈을 보고 말하자.'라는 것이다. 듣는 사람이 이쪽의 이야기를 듣고 있는지 어떤지는 눈을 보면 알 수 있다. 듣고 있는 눈은 생기에 차 빛나고 있으며, 이야기에 눈으로 반응을 한다. 듣고 있지 않는 눈은 멍하다. 듣는 사람의 눈을 보고 말하는 것을 의식적으로 실행해야 한다.

앞장에서 소개한 지하철에서 세 명의 중년여성 이야기를 상기하면 된다. 세 명의 여성들은 자신이 다음에 말하려는 것에 생각의 대부분이 집중되어 있기 때문에 다른 두 사람의 말은 듣지 않는다. 이런 사람을 상대로 말을 하면 기껏 말한 내용이 듣는 사람의 기억에 단편적으로밖에 남지 않는다.

이야기(지껄임)는 극단적으로 말하면 시간 보내기의 성격이 있기 때문에, 그때그때를 재미있게 보내면 되는 것이다. 하지만 이것도 대화이기 때문에 들어주는(聽) 것이 좋다. 상대가 들어주기를 바란다면 듣는 사람의 기분과 상황 등을 고려해 듣는 사람이 들을 자세가 되었을 때 말하는 것이 좋겠다.

일상에서의 가벼운 이야기는 특별히 무언가를 얻으려고 말하는 경우는 드물기 때문에 허용될 수 있지만, 퍼블릭 스피킹에서는 허용되지 않는다. 퍼블릭 스피킹은 반드시 목적이 있기 때문에 목적에 따라 내용을 전달하는 노력이 필요하다.

'듣지 않는 사람이 나쁘다.'는 생각은 금물이다

사람이 말하고 있는데 듣지 않는 것은 에티켓이 없다는 말을 들어도 어쩔 수 없다. 하지만 그 이상으로 말하는 사람이 상대방이 듣고 싶게 하는 노력을 해야만 하는 것이다.

'대화는 말의 주고받음'이라고 하지만 좋은 공을 주고받는 것은 상호 간에 서비스를 하는 것이다.

듣는 상대가 흥미를 가지고 들어주기를 바라는 자세가 말하는 사람에게 필요하다. 물론 듣는 사람에게도 서비스 정신은 필요하지만, 자신의 마음이나 생각을 들어주는 것이기 때문에 말하는 사람에게보다 많은 서비스 정신이 필요한 것이다.

말하는 사람이 이야기하고 있을 때 주위가 산만하면 '조용히 내 말을 들어 달라.'고 말하는 사람이 있다. 이런 사람은 말하고 있을 때에는 들어주는 것이 당연한 것이며 '듣지 않는 사람이 나쁘다.'고 생각하는 것이다.

그런데 잠시 생각해 보면 대부분의 경우 떠들게 만든 것은 말하는 사람의 책임이다. 이해하기 어려운 말을 하거나, 지나친 비약을 하면 듣는 사람이 듣고 싶은 의욕이 없어지면서 떠들게 되는 것이다.

애인과의 대화를 생각해 보자. 진정으로 애인을 잃고 싶지 않으면 필사적으로 상대방의 기분을 헤아리면서 이야기를 한다. '이런 말을 하면

싫어할까.', '이런 말로 내 마음을 알게 할 수 있을까.' 하고 고민하면서 이야기할 것이다. 또 상대도 '이 사람은 어디까지가 진심일까.', '정말로 나를 사랑하고 있을까.' 하고 생각하면서 듣고 있을 것이다.

이런 애인에게 말하는 진실한 마음을 퍼블릭 스피킹에 적용하면 되는 것이다.

말하는 사람은 듣는 상대의 마음, 입장, 상황 등을 생각하면서 이야기하고, 듣는 사람은 말하는 사람의 생각을 헤아리며 들으려고 하는 자세가 필요하다.

대화의 기본인 '기승전결'을 익히자

말은 되돌릴 수 없다

문장을 쓰는 법은 '기승전결'이 기본이다.

초등학교 때의 작문에서 우리들은 '기승전결'의 문장법을 교육받았다. 하지만 이것은 어디까지나 문장을 쓰는 법일 뿐, 대화에 이대로 적용할 수는 없다.

조금만 생각해 보면 된다. 쓰인 문장은 반복해서 읽을 수 있다. 극단적으로 말하면 마지막 결론을 읽고 나서 다시 처음부터 읽을 수 있다는 것이다. 그러나 대화에서는 몇 번을 반복해서 물으면 대화가 순조롭게 진행될 수 없다.

　듣는 사람은 말하는 사람이 말하는 단어를 하나씩 귀로 듣고 이해하려고 한다. 이해할 수 없는 단어가 나오면 '이 단어의 의미는 뭘까?' 하고 생각하다 보면 말의 흐름을 놓쳐버린다. 결국 대화의 흐름을 놓치고 말하는 사람이 말하려 하는 것을 이해할 수 없게 되는 경우가 빈번하게 발생한다.

　A 씨는 타업계 교류회에 참가하게 되었다. 이 교류회에 참가하면 자사와 관련한 업무를 설명해야 하기 때문에 사전에 다음과 같은 원고를 준비했다.

(1) 저는 B라는 할인매장에서 식품부를 담당하고 있습니다.

(2) 주로 어류를 담당하고 있습니다.

(3) 작년은 허위표시문제로 고생했습니다.

(4) 문제가 발생할 때마다 고객들에게 이해시키기 위해 분주히 뛰어다녔습니다.

(5) 우리에게 책임은 없지만 많은 항의와 질책을 받았습니다.

(6) 고객의 말을 듣고 있으면 고객들의 식품에 대한 깊은 관심을 알게 되었습니다.

(7) 식품의 안정성에 대해 충분히 주의를 기울였다고 생각했지만 아직 부족한 점이 많았습니다.

(8) 앞으로 안전한 식품을 고객에게 제공하기 위해 우리들이 생산자를 직접 찾아가 여러 가지 문제를 시정해 나가야 한다고 생각합니다. 저는 그런 안전한 생산구조의 구축을 맡고 있습니다.

(1)과 (2)는 기(起)이다. (3), (4), (5)는 승(承)이고, (6)과 (7)이 전(轉), (8)이 결(結)이 되는 것이다. '기승전결'은 주제와 흐름이 명쾌한 문장이다. 이대로 말해도 전달된다고 생각하지만 보다 전달하기 쉽게 말하도록 해야 한다.

'결기승전결'로 말하는 습관을 갖자

앞장의 문장을 보면 알 수 있듯이 문장 그대로의 이야기를 들었다고 한다면 (1)과 (2)의 부분에서는 아직 무엇을 말하고 싶어 하는지 알 수 없다. (3)에서는 '식품의 안전성에 관한 이야기일까.' 하는 정도만 추측할 수 있다. 그런데 (4)와 (5)에서는 '고객과 할인매장과의 이야기일까.' 하고 생각할 것이다. (6)과 (7)에서는 '무슨 대책을 세웠을까, 역시 안전성에 관해 이야기하고 있구나.' 하고 짐작하여, (8)에서는 겨우 결론을 알게 된다.

이처럼 분석해 보면 문장으로서는 완벽하지만 대화에서는 듣는 사람을 도중에 혼란스럽게 한다는 것을 알 수 있다.

예를 든 문장은 간단한 경우이기 때문에 혼란도 바로 해소되지만, 조금 복잡한 이야기일 경우에는 그렇게 간단하지 않다.

이런 혼란을 해결하기 위해 앞장에서 반복해서 말한 것과 같이 '우선 결론, 그리고 설명'의 원칙을 사용해야 한다.

이것에 따라 문장을 재구성해 보겠다.

> 저는 B라는 할인매장 식품구매부를 담당하고 있습니다. 현재 담당업무는 안전한 식품을 고객에게 제공하기 위해 식품담당자와 생산자가 직접 협력할 수 있는 태세를 만드는 일입니다. 저는 어류식품의 구매와 관련해서…….

이렇게 (1)의 다음에 (8)의 결론을 말하고 (2), (3), (4), (5), (6), (7) 순으로 말하면 되는 것이다. 마지막에 (8)의 결론을 반복해도 좋다.

말할 때에는 '기승전결'이 아닌 '결기승전결'의 순서를 염두에 두면 된다. 처음에 결론이 나오면 듣는 사람은 대화가 어디로 향하든지 종착역(결론)을 알고 있기 때문에 안심하고 이야기를 들을 수 있는 것이다.

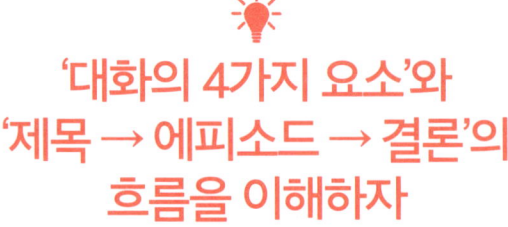

'대화의 4가지 요소'와
'제목 → 에피소드 → 결론'의
흐름을 이해하자

대화의 목적을 확실히 인식하자

지금까지는 결론에 대하여 설명했다. 결론이 명확해도 말하는 사람이 말하려는 의도를 듣는 사람에게 바르게 전달하기 위해서는 이야기의 흐름이 확립되어 있어야만 한다.

여기서 다시 한 번 이야기를 전개할 때 생각해야 하는 요소를 설명하고자 한다.

첫 번째는 대화(이야기)의 목적을 확실히 의식해야 한다.

퍼블릭 스피킹에는 반드시 목적이 있다. 여기서 말하는 '무엇을 위하여 말하는가.'라는 것이다. 퍼블릭 스피킹의 경우 연설하기 위해, 무언가를 전달하기 위해, 무언가를 보고하기 위해, 설득하기 위해, 고민을 상담하기 위해, 주의하기 위해 등 목적은 다양하다.

지금부터 말하려는 것은 무슨 목적으로 말하는 것인지를 명확하게 인식해야 한다.

두 번째는 말하는 장소를 생각해야 한다.

직장에서 말하는 것인가, 회의석상에서인가, 거래처에서인가, 격식이 필요한 자리인가, 부담 없는 자리인가를 고려해서 각각에 맞는 화제나 말투를 선택해야 한다.

세 번째는 누구에게 말하는가 하는 것이다.

상대가 누군가에 따라 말투가 달라지기 때문이다.

네 번째는 자신의 역할을 생각해야 한다.

예를 들면 회의석상에서 발언을 하는 경우라면 '지금 여기서 말해야 하는 것은 무엇인가.'를 신중하게 생각해야 한다. 이와 같은 경우는 회의의 흐름을 잘 이해하고 있지 않으면 자신의 역할을 자각할 수 없게 되고 엉뚱한 발언을 할 가능성이 있다.

당신이 가장 말하고 싶어 하는 것, 즉 결론을 확실히 세웠다면 이상의 4가지 요소를 고려하여 확인해 보아야 한다.

만약 결론을 도출해 내지 못했다면 4가지 요소를 차례로 고려해 나가면 결론을 도출해 낼 수 있을 것이다.

결혼피로연에서의 연설

친구의 결혼피로연 축사를 부탁받고 곤란해하던 경험을 가진 사람이 많을 것이다. 젊은 사람만 있다면 마음 편히 할 수 있을 텐데 연배가 많은 분이 계신 자리라면 먼저 걱정이 앞선다.

앞장에서 언급한 '4가지 요소'를 생각해 보면 된다.

우선 목적이다. 목적은 당연히 '신랑신부 두 사람의 결혼을 축하하는 것'이다. 이외에 목적이 있을 리 없기 때문에 자신에 대한 것을 장황하게 말하거나, 만약 신랑이 회사 동료라고 해서 회사와 관련한 것을 자세히 말하면 피로연의 분위기는 나지 않을 것이다.

다음은 말하는 장소이다. 피로연은 축복하는 자리이다. 참석자 모두 기분이 들뜨고 즐거운 자리이다. 그런 자리에서 무겁고 어두운 이야기는 피해야 한다. 당신이 신랑의 친구라면 신랑의 인격이나 인품을 알 수 있는 재미있고 즐거운 추억거리를 말해야만 한다.

다음은 누구에게 말하는가 하는 것이다. 피로연은 신랑신부가 이러이러한 사람이라는 것을 참석한 사람들에게 소개하는 자리이기 때문에 참석자 전원을 향해 말해야만 한다. 신랑과 당신만 아는 이야기는 피해야 한다. 많은 친구가 참석한 피로연에서 친구들 사이에서만 할 수 있는 말을 하는 사람이 있다. 친구 이외의 사람이 한 사람이라도 있으면 이런 말은 삼가해야 한다.

그리고 자신의 역할이다. 신랑신부가 당신을 초대한 이유가 있을 것이다. 축사를 부탁한 이유가 있을 것이다. 중학교 동창이라면 중학교 다닐 때의 이야기를 바랄 것이다.

축사를 부탁받고 당황해서 서점에서 '결혼피로연에서의 스피치'라는 책을 사서 참고로 하는 것은 좋지만 형식적인 것을 배우는 것보다 신랑과의 중학교 때의 추억을 곰곰이 생각해 내는 것이 중요하다.

'제목 → 구체적인 에피소드 → 결론' 순으로 말하자

내 은사이며 모 방송국 아나운서 실장인 B 씨는 우리들에게 '이야기에 제목을 붙여라, 그리고 구체적인 사실 한 가지를 예로 들어 말하라.'

고 가르쳐주었다. 지금도 때때로 생각나는 말이다. 이는 퍼블릭 스피킹을 생각할 때 중요한 말이다.

제목을 붙인다는 것은 결론을 단적으로 말하는 것이다.

그리고 결론을 설명하기 위해 구체적인 한 가지 사실(예)을 말한다는 것이다.

그리고 제목(=결론)을 보다 잘 이해시키기 위해 마지막에 결론을 정리해서 말하는 것이다. 이 '제목 → 구체적인 에피소드 → 결론(정리)'의 흐름(구성)으로 말을 하면 된다. 이것을 염두에 두고 실제로 결혼피로연에서 축사를 해보도록 하겠다.

저는 신랑의 인품에 항상 감명을 받습니다. 신랑과는 중학교 3년 동안 같은 반이었습니다. 그의 적극적이고 진취적인 사고를 저는 언제나 부러워했습니다.

2학년 때 이런 일이 있었습니다. 반에서 지갑이 없어졌습니다. 항상 다른 아이의 물건을 숨기는 아이를 모두 의심했지만, 그 아이는 힘이 세고 거칠었기 때문에 어느 누구도 그 아이에게 물어보려고 하지 못했습니다. 그런데 다음 날 지갑을 잃어버린 아이가 등교해 보니 책상 위에 지갑이 놓여 있었습니다.

지갑을 잃어버린 본인은 물론 전원이 안도했습니다. 3개월 뒤, 어느 날 거친 성격의 아이와 우연히 하교 길에 같이 가게 되었을 때, 그 아이가 저에게 'ㅇㅇㅇ는 대단한 녀석이야. 전에 지갑이 없어졌던 일이 있었지. 그거 내가 숨겼는데, 그날 ㅇㅇㅇ는 나한테 '친구를 슬프게 하지 마, 내일이라도 아무도 모르게 되돌려 줘.' 하고 말하고는 그냥 가버리더군. 그래서 되돌려주려는 마음이 생겼다.'고 하는 것입니다.

신랑은 멋있는 남자입니다. 모두가 무서워서 다가가지도 못했던 그에게 적극적으로 말을 걸어서 자연스럽게 뉘우치게 만든 것입니다.

저는 신랑의 용기와 선량함에 감동했습니다.

신부에게 부탁이 있습니다. 앞으로도 신랑의 용기와 그의 선량한 품성을 잘 내조해 주시길 바랍니다.

행복한 가정을 만들어 가기를 바랍니다.

앞에서 구체적으로 체험을 말하면 이야기에 설득력이 생긴다고 강조했다. 구체적인 체험(에피소드)은 사람의 관심을 끌게 마련이다. 이 말을 들은 피로연의 사람들은 모두 감동해서 신랑의 인품의 한 면을 알게 되고 기분이 좋아질 것이다.

피로연의 스피치뿐만이 아니다. 퍼블릭 스피킹의 자리에서 이 '제목 → 구체적인 에피소드 → 결론'의 흐름으로 말하도록 노력해야 한다. 그리고 일상에서도 이런 흐름으로 이야기를 하면 좋다.

어휘를 늘려서
상대가 이해할 수 있는
표현으로 말하자

상대방이 이해할 수 있는 표현으로 말하자

아무리 열심히 말해도 듣는 사람에게 제대로 전달되지 않으면 아무 소용이 없다.

앞에서도 말한 바와 같이 귀로 듣다가 순간적으로 이해할 수 없는 단어가 나오면 듣는 사람의 사고는 멈춰버리고 말하는 사람의 이야기가 들리지 않게 된다.

그래서 기왕 말하는 거라면 누구라도 이해할 수 있는 알기 쉬운 단어를 사용해야 한다.

격식을 갖추어야 하는 자리에서 유식하게 말하지 않으면 무시당할 것이라고 생각하는 사람이 아직도 많은 듯하다. 이런 사람들이 생각하는 유식한 말이란 한자를 많이 사용하는 이야기인 듯하다.

몇 년 전 이런 경험을 한 적이 있다. 한 지방의 국어 선생님들 모임에서 강연을 부탁받았을 때 내 강연에 앞서 교육위원회 간부라는 분이 다음과 같이 인사말을 했다.

> 오늘 이곳에 모 대학의 C 교수님이 왕림하셔서 '대화의 단어'에 관한 강연을 경청할 수 있게 된 것에 저희들 모두 깊은 감사와 외경심을 가지지 않을 수 없습니다. 동시대의 국어 교육에 관해서는 많은 토론이 이루어지고…….

그분의 말은 이렇게 시작해서 끝날 때까지 한문의 연속이었다. 그런데 내 강연의 주제는 '교수님의 말, 잘 전달되고 있습니까, ~대화 단어 교육을 위한 제언~'이었다. 이 주제가 커다랗게 쓰인 현수막이 걸려 있는 무대를 배경으로 말을 하고 있는 것을 보고 천 명이 넘는 선생님들은 고개를 숙이고 필사적으로 웃음을 참고 있었다.

그분의 다음 말씀은 죄송하지만 듣지 않았다. 들으려고 하면 어려운 단어가 나와 들으려 하는 의욕을 꺾어버리기 때문에 결국 무슨 말을 했는지 기억이 나지 않았다.

듣는 사람은 줄지어 나오는 단어를 순차대로 이해하면서 듣는 것인데 어려운 단어가 나오면 단어의 의미를 생각하기 때문에 다음 단어가 귀에 들어오지 않게 되는 것이다.

유식하게 보일지는 모르지만 의미가 제대로 전달되지 않으면 인사말도 의미가 없는 것이다. 한자는 절대로 사용해서는 안 된다는 말이 아니다. 필요한 만큼 최소한도에 머무르는 것이 좋다.

당신은 일상에서 사용하고 있는 쉬운 단어로 말하도록 해야 한다.

외국어 사용은 자제하자

요즘 광고에 사용되는 말들을 생각해 보도록 하자. 외국어나 외래어가 너무 많다. 자국어는 촌스럽고 외국어라면 세련된 느낌이 난다고 생각해서인지 외국어가 넘쳐나고 있다.

가령 한 항공회사가 기간 한정 이벤트로 '거리에 상관없이 100만 원'이라고 광고한다고 치자. 한 고객이 구입한 항공권에 '대할인(바겐세일)'이라고 친절하게 주석까지 붙여져 있다면 당연히 놀랄 수밖에 없을 것이다. 우리말에 외국어 주석까지 붙인 것을 보고 이것을 외국인에게 어떻게 설명하면 좋을까 하는 생각이 들지 않을 수 없을 것이다.

우리들이 쉽게 외국어를 이해한다면 지장은 없겠지만 바로 이해할 수 없는 것이 많기 때문에 곤란한 것이다.

처음에 대학 강의를 위해 왔을 때 한 교직원이 '취직에 대한 학생들의 모티베이션을 높여야만 합니다.'라고 말하는 것을 듣고 나는 무슨 말인가 이해할 수 없었다.

'취직하고 싶다.', '이 회사에 들어가고 싶다.'라는 목표를 확실히 해주어야 한다는 말이라는 것을 나중에 알았다.

모두가 영어를 열심히 공부하고 있다고는 할 수가 없듯이 자국어를 섞어서 사용하면 더욱 이해할 수 없는 경우가 많이 있다. 우리가 만들어 낸 영어도 많다. 말은 사람들의 공통이해의 토대 위에 통용되는 것이기 때문에 어설픈 외국어 사용은 가능한 한 피하는 편이 좋다.

평소부터 어휘를 늘리는 노력을 하자

말하고 있는 사이에 적절한 단어가 생각나지 않는 경우는 없었는가? 건망증으로 말이 나오지 않는 것과는 다르다. 원래 단어를 모르는 것이다.

당신이 알고 있는 단어는 어느 정도인가.

큰 사전이 아니라도 좋다. 휴대용 국어사전을 펼쳐보자. 아무 페이지라도 좋으니 펼쳐보면 된다. 그 페이지에 나온 단어 중에 몇 개나 알고 있는지 돌아보자. 물론 의미까지 정확히 알고 있는 단어를 말하는 것이다.

당신은 몇 퍼센트의 단어를 알고 있는가? 작은 사전이라면 70% 정도는 알고 있어야 하지 않을까.

이것을 2~3번씩 페이지별로 반복하면 된다. 평균 70%를 밑돌면 요주의이다. 50% 전후라면 사회인으로서나 학생으로서나 퍼블릭 스피킹을 하기에는 곤란하다. 어떤 대책을 세워야 한다.

그런 사람에게 권하는 것이 바로 책을 읽는 것이다. 어려운 책을 읽을 필요는 없지만 만화는 안 된다. 국어사전을 곁에 두고 읽어야 한다. 처음 보는 단어, 본 적은 있지만 의미나 뜻을 정확히 모르는 단어는 그 즉시 국어사전에서 찾아보아야 한다. 사전이 없을 때에는 기록해 두었다가 가능하면 빨리 조사해야 한다.

귀찮겠지만 노력해야 한다.

'~지만', '~데'는 자제하고 문장은 짧은 편이 좋다

'~지만', '~데'의 잦은 사용은 거부감을 일으킨다

다음의 이야기를 살펴보도록 하자.

> 작년까지 본사에서 실시한 영업연수를 다녀왔는데, 부장님이 강사가 되어 여러 가지를 가르쳐주셨는데, 영업부장이 말했는데, 우리 회사의 영업실적을 10년 전과 비교하면 매출이 반감됐다고 하는데, 10년 전으로 후퇴할 가능성도 충분히 있다고 말씀하셨지만 나는 그렇게 쉽게는 되지 않을 거라고 생각하지만……

이런 말을 들은 상사나 동료는 중간부터는 듣지 않게 될 것이다. 당신도 이렇게 말하지는 않는가. 자신의 말을 점검해 볼 필요가 있다.

왜 이런 '~지만', '~데'를 연발하면서 말하는가 하면, 앞의 '무엇을 말할까'를 정하지 못한 채 말을 시작하기 때문이다. 무조건 한 가지를 생각하고 말하고는 '~데'라고 말을 해놓고 다음을 생각하는 방식의 반복이다. 결론은 언젠가는 보일 것이라고 쉽게 생각하고 말을 시작하는 것이다. '~지만, ~인데'로 문장을 연결하면서 말하는 사람도 같은 경우이다.

젊은이들 중에는 이 '~지만'이나 '~데'를 길게 끄는 사람도 있다. 이것도 다음 말이 생각나지 않아서 길게 끌면서 생각을 하고 있는 것이다.

'무엇을 말할까'를 확실히 인식하고 있으면 이런 말투는 없어질 것이다.

동그라미가 많은 대화를 하자

여기서 말하는 '동그라미'라는 것은 문장의 '쉼표'와 대화에서의 '마침표'를 말하는 것으로 쉼표와 마침표 뒤에 잠시 침묵의 시간을 가질 수 있다. 이것을 '호흡(쉼)'이라고 한다. 이 '호흡'은 말하는 사람에게나 듣는 사람에게나 대단히 중요한 시간이다.

당신이 누군가와 대화를 하고 있을 때, 그것을 녹음해 보면 알 수 있다.

동그라미가 많은 대화인가? '~지만', '~데', '~인데'가 많고 장황하게 말하고 있는가? 만약 그렇게 말하고 있다면 노력해서 자신의 말에서 '~지만', '~데', '~인데'를 빼고 말하는 습관을 익히도록 해야 한다.

그럼 앞의 연수에서 돌아온 사원의 이야기에서 '~지만', '~데', '~인데'를 빼고 전부 동그라미로 바꾸어보겠다.

작년까지 본사의 영업연수를 다녀왔습니다. 부장님이 강사가 되어 여러 가지를 가르쳐주셨습니다. 영업부장의 말에 의하면 우리 회사의 영업실적은 10년 전과 비교하면 매출이 반감하고 있다고 합니다. 10년 전으로 후퇴할 가능성도 충분히 있다고 주장했습니다. 하지만 저는 그렇게 간단하게 되지 않는다고 생각합니다.

상당히 간결한 문장이 되었다. '~지만', '~데', '~인데'라는 불필요한 말이 얼마나 대화의 장해물이 되는지 알 수 있을 것이다. 더욱이 또 한 가지 주목해야 할 것이 있다. 짧은 문장의 연결이다. 한 가지 '무엇이 어떻다.'에서 마침표, 다음의 '무엇이 어떻다.'에서 마침표를 찍었다.

사실은 이런 짧은 문장의 연결이 듣는 사람에게 말의 이해를 돕는 지름길인 것이다.

자연스러운
높낮이로 말하자

악센트와 높낮이의 차이

 이야기가 전달되는가, 아닌가를 생각할 때, 말투로 의식해 주기 바라는 것이 인토네이션(intonation, 말의 고저, 높낮이)이다. 악센트와 인토네이션을 같은 것이라고 생각하는 사람이 많은 것 같아서 말을 할 때의 차이점에 대해 설명하겠다.
 악센트는 단어의 어디가 높고 어디가 낮은가 하는 것이다. 즉 단어를 구성하는 음의 고저를 말한다.
 한편 인토네이션은 몇 개의 단어가 연결되었을 때, 어느 단어(말)가

높고 어느 단어가 낮은가 하는 것을 말한다. 즉 연속한 단어나 문장 속의 고저가 인토네이션이다.

간혹 악센트의 차이를 신경 쓰는 사람이 있는데 다소 달라도 전달되기 때문에 걱정할 필요는 없다. 오히려 각각의 지방 특색이 나타나고 있기 때문에 말에 독특한 표정이 스며 있어 효과적일 수도 있다.

자연스러운 높낮이가 듣기 쉽다

중요한 것은 말의 높낮이이다. 높낮이도 지방에 따라 약간의 차이가 있지만 '말의 시작은 높지만 차츰 낮게 되고 마지막은 더 낮게 된다.'는 원칙은 대부분의 지방에서 공통된 점이다. 문장의 도중에서 높아지거나 낮아지거나 하는 경우는 없다.

만약 당신의 이름에서 성을 낮게 부르고 이름을 높게 부른다면 어떨까. 자신을 부르고 있는 느낌이 들지 않을 것이다. 단어가 올라가거나 낮아지거나 하는 말도 듣기 어렵다. 의미의 연결대로 높게 시작해서 차츰 내려가는 말투를 '자연스러운 인토네이션'이라고 한다.

다음 페이지(126쪽)의 그림1을 보자. 백화점의 고객을 위한 안내 방송이다. 문장에 그린 선은 음의 고저를 나타내고 있다. 우선 낮게 시작되어 올라가거나 내려가거나 한다. 당신도 자주 듣고 있는 멘트이다. 이런 말투를 '박자에 맞춘 말투'라고 한다.

약 15년 전의 일이다. 백화점에 근무하는 친구로부터 '안내방송이 고객에게 전달되지 않아서 도와 달라.'는 부탁을 받았다. 우선 항상 방송을 하고 있는 사람에게 그림1의 방송을 하게 한 직후, 100명의 사원에게 가까운 곳에 있는 고객에게 '지금 방송에서 뭐라고 했습니까?' 하고 물어보게 했다. 정답은 21명이었다.

2시간 후, 손님이 바뀌는 것을 기다려 이번은 모 방송국의 여성 아나운서가 그림2와 같이 방송을 했다. 81명이 '7층에서 전시회가 열리고 있다.'고 했다. 그런데 81명에게 전달됐다. 인토네이션의 차이가 전달방법에 큰 영향을 끼치고 있었던 것이다.

예전에는 관광버스 가이드가 독특한 말투와 음정으로 안내방송을 했다.

버스를 타고 안내를 듣고 있을 때에는 이해한 것 같았지만, 집에 돌아오면 내용의 대부분은 기억하지 못했던 경험을 가진 분이 많을 것이다. 이것도 '박자에 맞추어 말했던 것'을 들었던 결과이다.

모 방송국의 아나운서들도 그런 경험이 있다. 언젠가 많은 시청자들로부터 '모 방송국 아나운서의 말투는 누구의 방송을 들어도 똑같이 들린다.'라는 비판을 받았다. 오랜 시간 동안 의식하지 못했던 것이지만, 우리들은 의식하지 못하는 사이에 독특한 '아나운서 말투'로 방송을 했던 것이다.

　많은 아나운서가 똑같은 말투로 말하기 때문에 모든 방송이 똑같이 들린 것이다.

　그리하여 당시 아나운서 실장이 중심이 되어 '자연스런 인토네이션으로 평이하게 말하자.'라는 운동이 시작되었다.

　시간은 걸렸지만 현재 그 방송국에서는 '박자에 맞추어 말하는' 아나운서는 거의 없어졌다.

　세련되게 읽으려고 하는, 세련되게 말하려 한 결과가 이런 '박자'를 고정화시켰다고 생각한다.

　인토네이션은 단어의 연결을 의미 그대로 전달하는 수단이다.

　의미의 연결과는 상관없이 올리고 내리거나, 의미가 이어지는 단어와 단어를 구분하면, 말은 전달되기 어려워진다.

　악센트는 신경 쓰지 않아도 좋지만 인토네이션은 신경을 쓰면서 말해야 하는 것은 이와 같은 이유 때문이다.

(그림1) 백화점의 관내 안내방송

항상 저희 백화점을 찾아주셔서 감사드립니다.
7층 판매장에서
○○○ 미술전을 개최하고 있습니다.
많은 관람을 부탁드립니다.

(그림2) 여성 아나운서의 방송

항상 저희 백화점을 찾아주셔서 감사드립니다.
7층 판매장에서
○○○ 미술전을 개최하고 있습니다.
많은 관람을 부탁드립니다.

효과적인 세 가지 '호흡'의 사용법

대화 중 '호흡'의 역할

의식해서 '호흡(쉼표, 마침표)'을 하며 말해야 한다. 보통 '말이 빠르다.'는 말을 듣는 사람은 더 '호흡'을 하면서 말하도록 해야 한다.

우리들은 말을 할 때 '호흡'에 대해 그다지 생각하지 않는다.

하지만 '호흡'은 말이 전달되는 데 있어 대단히 중요한 역할을 하고 있다.

자연스럽게 말을 하는 경우 '호흡'에는 세 가지 방법이 있다.

첫 번째는 숨을 쉬기 위한 '호흡'이다.

두 번째는 다음 말을 강조하기 위한 '호흡(쉼)'이다.

세 번째는 듣는 사람을 보다 잘 이해시키기 위한 '호흡'이다.

우선 숨을 돌리기 위한 '호흡'이다.

우리들의 말은 의미가 연결되는 한 단숨에 말을 한다. 충분히 들이마신 숨을 사용해서 높게(크게) 말하기 시작해서 숨이 없어짐에 따라 차츰 낮아져서 의미의 연결이 끝났을 때, 대부분은 마침표나 쉼표에서 숨을 내쉰다.

인토네이션 항에서 마지막이 가장 낮아진다고 한 것은 의미의 연결이 끝난 곳에서 숨을 다 내쉬어버리기 때문에 낮아지는 것이다. 누구나 숨을 다 내쉬면 자연스레 숨을 들이마신다. 이 사이에는 말을 할 수가 없기 때문에 침묵의 시간이 된다. 이 시간이 '호흡'인 것이다.

이 '호흡'은 말하는 사람에게는 자연스럽게 숨을 쉬는 시간이지만, 듣는 사람에게도 필요한 시간이다. 듣는 사람은 이 시간을 이용해서 말하는 사람이 한 말을 다시 한 번 확인하고, 다음은 어떻게 전개될까 하고 예측을 하고 있는 것이다. 듣는 사람은 들으면서 이 작업을 자연스레 하고 있기 때문에 '호흡'이 이해를 도와주고 있는 것이다.

말이 빨라서 알아듣기 어려운 사람은 천천히 말하는 것을 염두에 두어야 한다. 하지만 다소 **빠른** 편인 사람은 숨을 쉬는 '호흡'을 의식해서 조절하면 빠르다고는 생각되지 않을 것이다. 항상 말이 빠르다고 생각하는 사람이 주위에 있으면 주의해서 들어야 한다. '호흡'이 거의 없을 것이다.

'호흡'을 했을 때의 전달법

숨을 한껏 들이마시고 말해 보자. 10초만 되어도 숨이 찰 것이다. 반대로 천천히 쉬면서 전부 내뱉어 보자. 그럼 곧 자연스럽게 폐에 숨이 들어올 것이다. 이런 후에 말을 해보도록 하자. 이번에는 편하게 말할 수가 있을 것이다.

앞의 의미의 연결이 끝난 곳에서 숨을 전부 내쉬고 자연스럽게 숨이 들어오는 것을 기다려 다음 이야기를 시작하는 것이다.

스포츠에서의 심호흡은 크게 들이쉰 후 내뱉는 것이지만, 말할 때에는 반대로 내뱉고 들이마시는 식으로 해야 한다. 긴장감이 도는 장소에서 말할 때에는 더욱 그렇다. 말하기 전에 숨을 내쉬어 보자. 신기하게도 안정이 된다.

다음 페이지(130~131쪽)의 그림3은 아나운서가 읽은 녹음을, 음의 고저를 알 수 있도록 컴퓨터로 나타낸 것이다.

(그림3) 그래프에 의한 음(音)의 고저도(高低圖)

　문장의 처음이 높고 차츰 낮아지는 인토네이션을 알 수 있다. 그와 동시에 주목해야 할 것은 숨을 전부 내뱉은 다음에 점이 없는 시간이 있다는 것이다. 이것이 '호흡(쉼, 마침)'이다.

　문장은 한 문장인데, 의미의 연결은 세 개로 나누어져 있다. '마을의 기업유치는 23사이지만'에서 마침표가 아닌 쉼표이지만, 여기서 의미의 연결이 끊어져 숨을 전부 내쉬었다. 다음의 '…… 많으며'에서도 전부 내쉬고, 세 번째의 마지막은 마침표이니까 숨을 전부 내쉬고 있다.

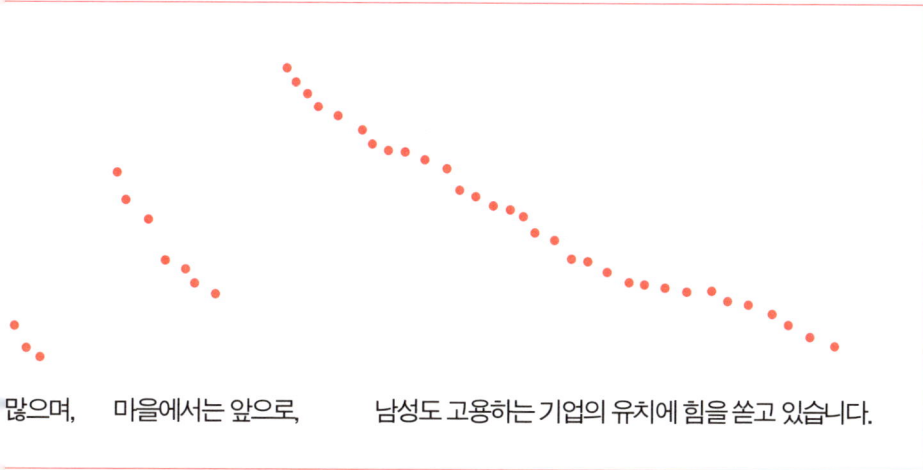

많으며, 마을에서는 앞으로, 남성도 고용하는 기업의 유치에 힘을 쏟고 있습니다.

'호흡'은 단지 숨을 가누기 위한 것이 아니다

'호흡'에는 세 가지가 있다고 했다. 호흡의 연결 이외에, 다음 말을 강조하기 위한 '호흡'과 듣는 사람을 보다 잘 이해시키기 위한 '호흡'이다.

하나의 단어를 강조해서 말하고 싶을 때에는 그 단어의 앞에 한 박자 '호흡'을 두는 것이다.

당신은 그 단어를 높고 강하게 발음하지는 않는가? 틀린 것은 아니지만 특정한 단어를 높게 말하거나 강하게 말하면 듣는 사람은 그 특정한 단어 외에 인상에 남지 않는 경우가 종종 있다.

다음은 말을 보다 쉽게 이해시키기 위한 '호흡'이다. 이것도 한 박자 '호흡'을 어디서 쉴까로 결정된다. 다음 문장을 읽어보자.

산에 오르면 항상 생각합니다. 샘은 대지의 선물이며, 생명의 물이라고.

초등학교 시절에는 읽을 때 마침표에서 한 박자 쉬고, 쉼표에서 두 박자 쉬라고 배운 사람이 많을 것이다. 그대로 읽으면 '샘은 대지의 선물이며'에서 '호흡'을 하게 된다. 그러면 '생명의 물……' 부분이 잘 들리지 않게 된다. 이처럼 주어 다음에 주어를 설명하는 말이 병립하는 경우에는 주어 다음에 '호흡'을 두면 듣기 쉬워진다.

산에 오르면 항상 생각합니다. 샘은, 대지의 선물이며 생명의 물이라고.

초등학생 때의 습관이 남아서 말할 때에 의미의 구분과는 다른 곳에서 구분하는 사람은 반드시 이 '호흡'을 익혀야 한다. 보다 알기 쉬워질 것이다.

'사실'과 '의견'과 '감상'을 구별하자

'사실'은 정확히 전달하자

우리가 듣는 사람에게 전달하는 내용은 크게 나누어서 다음의 세 가지이다.

1. 사실을 전달한다.
2. 의견(판단)을 전달한다.
3. 감상(기분)을 전달한다.

'미·영국군이 이라크를 침공했다.', '이라크 남부의 원전에서 격렬한 화염이 타오르고 있다.', '미국 내에서도 이라크 전쟁에 반대하는 데모가 벌어지고 있다.', '고이즈미 수상이 미국의 전쟁돌입을 지지했다.' 등은 '사실'이다. '오늘 아침 전철은 못 타는 사람이 생길 정도로 복잡했다.', '정체로 10분 늦었다.' 등도 '사실'이다.

모든 정보기관이 보도하고 있는 것은 '사실'이다. 만약에 '원전에서 격렬한 화염이 타오르고 있다.'는 것을 전한 것이 일부의 보도기관이었다면 'ㅇㅇ신문은 이라크 남부의 원전에서 격렬한 화염이 솟아오르고 있다고 보도했다.'라고 한다면 보다 확실한 '사실'이 될 것이다.

자신의 체험 역시 자신 이외의 누군가 체험해도 '오늘 아침 전철은 타지 못하는 사람이 생길 정도로 복잡했다.'라고 생각한다면 '사실'이다. 이처럼 '사실'은 가능한 한 객관적이며 보편적이어야 한다. 정확한 사실을 전달하는 것은 말하는 사람의 책임이기 때문이다.

듣는 사람에게 사실을 전달할 때는 확인된 사실을 전달할 필요가 있다.

조금 자신이 없다면 '무엇에 의하면~'이라고 들은 정보의 발신지를 밝혀두면 보다 정확한 '사실'이 된다. '사실을 말할 때에는 확인된 것을 정확하게 전달'하는 습관을 익혀두어야 한다.

'사실'과 '의견, 감상'은 다르다

다음의 예를 생각해 보자.

작년 모임에는 300명이 참가해서, 예상을 훨씬 넘었다.

문장 전체가 언뜻 사실처럼 보이지만, '사실'과 '의견'이 혼재해 있다. '어제의 모임에 300명이 참가해서'는 '사실'이지만 '예상을 훨씬 넘었다.'는 당신인지 주최자인지 모르는 '의견'이다. 이처럼 '사실'과 '의견'이 혼재한 말투에는 주의를 해야 한다.

'사실'과 '의견'을 구분하면 다음과 같다.

어제 모임에 300명이 참가했다. 내 예상을 훨씬 넘었다.

이처럼 문장을 두 개로 나누어서 '예상을 훨씬 넘었다.'라고 생각한 것은 누구인가를 확실히 하면 '사실'과 '의견'의 구분이 된 것이다.

'사실'은 객관적인 것으로 '의견'은 누구의 것인지를 확실히 해야 하는 것이다.

또 하나 '감상'이 있다. 처음의 문장에 덧붙여 보겠다.

어제 모임에 300명이 참가해서, 예상을 훨씬 넘었다. 대단히 기뻤다.

이번은 '기뻤다.'라는 감상이 더해졌다. '감상'도 따로 구분하는 것이 알기 쉬운 경우도 있지만, 이 경우는 구분하지 않아도 괜찮은 듯해서 다음과 같이 해보겠다.

어제 모임은 300명이 참가했다. 내 예상을 훨씬 넘어서 대단히 기뻤다.

이렇게 해서 '사실'과 '의견·감상'을 말 속에서 구분해 두면 듣는 사람이 보다 쉽게 이해할 수 있다는 것을 인식해 두면 된다.
　당신의 말 속에 '사실'과 '의견·감상'이 혼재해 있지 않은가를 점검해 보아야 한다.

말을 하면 반드시 결말까지, 상대방의 불쾌감을 제거하자

앞에서 말한 것을 잊지 말자

어떤 것에 대해 말하고 있을 때, 다른 것이 떠오르면 '이것으로 설명하는 것이 알기 쉬울지도'라고 생각해서 말을 바꾸는 경우가 종종 있다. 바꾼 말에 빠져버려 처음 말의 화제를 잊어버리는 결과를 초래하면, 듣는 사람은 '처음의 말이 어떻게 된 것일까.' 하고 신경이 쓰여 말을 듣지 않게 되는 경우가 있다.

찻집을 개업하게 되어서 커피를 따르는 법을 배우는 강습회에 다녀왔습니다. 커피 따르는 법에는 크게 두 가지가 있는데, 사이폰식과 드립식이 있다고 합니다. 드립식의 맛있게 물을 따르는 법은 뜨거운 물을 따를 때, 넘칠 만큼 따라서 밑에 다 떨어지기까지 기다리지 않고 세 호흡 정도의 시간으로 뜨거운 물을 더하는 것이 비결이라고 합니다. 그러면 쓴 맛이 남겨져 위가 쓰리지 않는, 맛있는 커피를 만들 수 있다고 합니다.

이것으로 말이 끝나버리면 '사이폰식은 뭐야.' 하고 듣는 사람에게 의문이 남는다. 소수의 사람이 말할 때라면 물어보면 되지만, 많은 사람을 앞에 두고 말하는 경우라면 물어볼 수 없기 때문에 '사이폰식'에 대해 설명을 해야만 한다.

'사이폰식과 드립식이 있다고 합니다.'의 다음에 '나는 드립식에 흥미를 느꼈습니다.' 하고 덧붙이면 되는 것이다. 마지막에 '그래서 나는 가게에서 사이폰식보다 드립식으로 따르려고 결정했습니다.' 하고 말하면 되는 것이다.

말을 꺼낸 것은 그대로 두지 말고, 반드시 말하는 중간에 보충해 주어야 한다.

말의 비약은 피하자

말을 하고 있을 때 말을 이것저것으로 바꾸는 사람이 있다. 자신이 말하고 있는데 자신이 한 말에 다른 이미지가 떠올라서 말이 비약되는 것도 곤란하다. 왜 비약하는가는 이미 당신도 알고 있을 것이다.

'무엇을 말할 것인가.'를 정하기 전에 말을 꺼내면 저절로 비약이 되는 것이다.

한 고명한 건축가와 인터뷰할 때의 일이다. 그분은 인터뷰 당시 80세 정도였다고 생각된다. 건축가가 된 동기를 질문했을 때의 대답이다.

> 동기는 OO 사찰이었죠. 아버지를 따라갔는데 매우 감동을 받았습니다. OO 사찰이라면 A라는 대목장을 알고 있습니까? OO 사찰을 해체수리한 사람, 인간문화재입니다. 인간문화재라면 ○○○ 씨를 알고 있습니까?

말이 끝없이 비약해 가는 것이다. 나는 노화현상에 의한 것이라고 생각하며 계속 듣고 있었다. 실례라는 것을 알면서 말하다 지치는 것을 기다려, 다시 한 번 인터뷰를 해서 방송을 했지만 나도 꽤 지쳐버렸던 기억이 난다.

이것은 극단적인 예이지만 우리들은 말하면서 끝없이 떠오르는 이미지를 따라 말이 비약되는 경우가 종종 있다. 일상의 대화에서부터 비약하는 습관에 주의하지 않으면 자신의 말이 비약되는 것을 의식하지 못하고 끊임없이 말을 이어가게 된다. 서로 주의해야 한다.

표정, 몸짓, 손짓으로
대화를 보강하자

넌버벌 커뮤니케이션을 하자

　우리들은 말을 할 때 똑같은 표정으로 계속 말을 하지 않고 자연스럽게 몸과 손을 움직인다. 우리들의 대화는 말뿐만 아니라 이런 표정, 몸짓, 손짓의 보조를 받으며 진행된다.
　이 표정, 몸짓, 손짓을 넌버벌 커뮤니케이션(Non-Verbal Communication)이라고 한다.
　요즘 대형 방송사는 TV 방송과 라디오 방송을 동시에 방송하고 있다. 한 사람의 아나운서가 어떤 때는 TV, 어떤 때는 라디오를 동시에 맡고 있는 것이다.

그런데 대부분의 아나운서가 TV보다 라디오가 더 어렵다고 말한다. 라디오는 말하는 투로 어느 정도 뉘앙스를 전달할 수 있다고 해도 말(단어)이 생명이다. 넌버벌 커뮤니케이션을 사용할 수 없기 때문에 어려운 것이다.

우리들은 이런 넌버벌 커뮤니케이션을 의식하지 않고 말하는 경우가 많다.

미국이나 유럽인들은 풍부한 표정과 손짓, 몸짓을 사용해서 말을 한다.

당신도 앞으로 이런 넌버벌 커뮤니케이션을 의식하면서 말을 하는 것이 좋다.

미국의 언어학자들 중에는 말이 전달되는 과정에서 넌버벌 커뮤니케이션의 역할이 50%라고 주장하는 학자들도 많다.

50%를 어떤 식으로 계산한 것인지는 모르지만 말(단어)이 표정이나 손짓, 몸짓으로 보충되면 보다 잘 전달된다는 것은 맞는 말이다.

과장은 부끄러운 것이 아니다

외국인 친구에게 우리나라 사람들의 첫인상을 물어보면 많은 사람이 우리나라 사람들이 무표정하게 말하는 것에 당황했다고 한다. 확실히 우리나라 사람들은 풍부한 표정으로 말하는 것에 그다지 관심이 없다. 과장된 표정, 과장된 몸짓과 손짓은 부끄러운 것이라는 생각을 가지고 있기 때문이다. '겸손하게 약간 사양하는 듯한 것'이 좋은 것이라고 생각되어져 왔던 것이다.

　최근 나에게 변화가 생겼다고 느끼고 있다. 대학교에 와서 몇 명의 외국인 교직원과 매일 얼굴을 맞대고 있는 사이에, 아침에 만나면 내가 손을 크게 벌리며 '안녕하세요.' 하고 말하는 것이다. 이전에도 의식하지 못하는 사이에 이렇게 행동했을지도 모르지만, 이런 과장된 행동을 하는 자신을 자각한 것은 처음이었다. 윙크도 잘하게 되었다.

　외국인 교수님에게 영향을 받아서인지 자연스레 표정이 풍부해지고 저절로 손이 움직이는 것인지도 모르겠다. 그러고 보면 우리들은 외국에 가서 말이 통하지 않을 때 필사적으로 표정이나 손을 사용해서 의미를 전하려고 한다. 바로 이런 이유 때문이 아닐까라고 생각한다.

　요즘은 수화로 말하는 사람도 많아졌다. 수화도 손이나 입의 움직임, 표정으로 전달하는 것이다. 전형적인 넌버벌 커뮤니케이션인 것이다.

　며칠 전 지하철에서 수화로 대화를 하는 두 사람을 보았다.

　나는 유감스럽게도 수화를 할 줄 모른다. 하지만 그들의 수화는 대부분 이해할 수 있었다. 야구시합에서 이기고 돌아가는 것 같았고, 서로 기뻐하며 그 이야기를 하고 있는 듯했다.

내가 쳐다보고 있었기 때문에 한 사람이 나를 쳐다보았다. 느닷없이 내가 '이겼어요?' 하고 묻자 내 입술 움직임으로 말뜻을 알아듣고는 크게 고개를 끄덕였다. 그날 하루 종일 마음이 풍족했었다.

앞으로 점점 더 외국인과 접할 기회가 늘어날 것이다. 일상에서부터 부끄러워하지 말고 풍부한 표정으로 몸짓, 손짓을 의식하면서 말해 보자.

| 연습 과제 |

❶ 자신의 오늘 하루를 설명해 보자.
❷ 자기소개를 해보자(1분 동안 자신을 어필하기).
❸ 친구 한 명을 선택해서 그 사람의 결혼피로연에서의 스피치를 연습해 보자.

〈해설〉

이 장에서도 전체를 통해서 말하고 있는 것은 주제를 정하고 가능한 한 초점을 맞추어 이야기하라는 것이다.

- 과제1은 오늘 체험한 일을 시간 순으로 이야기해서는 안 된다. 순서대로 이야기하면 자신은 말하기 쉬울지 모르지만 듣는 사람은 흥미를 못 느낀다. 체험한 일 중에서 가장 인상적인 한 가지 주제를 이야기하자.

- 과제2는 표현력이 늘어난 상태에서 다시 한 번 자기소개를 해보는 것이다. '제1장 논리력을 향상시켜야 한다'에서 자기소개를 해보았겠지만, 여기에서는 표현방법에도 신경을 쓰면서 도전해 보자.

- 과제3은 드디어 스피치이다. 친구 한 사람을 선택해서 그에 대해 떠오르는 생각을 몇 개라도 좋으니 글로 써보는 것이다. 그중에서 친구의 인품을 알리기 위해 가장 적합하다고 생각되는 것을 테마로 해주자. 참석한 사람들이 흥미를 가질 수 있는 이야기인지 어떤지는 당신이 듣는 사람이라고 가정해서 어떤 이야기를 선택할 것인지 고민해 보면 좋을 것이다. 이야기의 구성도 흥미를 가지고 들을 수 있을까가 중요한 고려 요소이다.

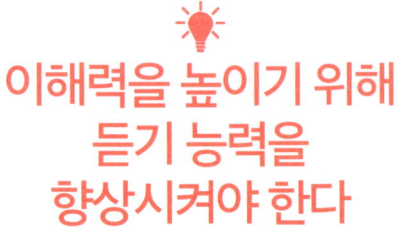

이해력을 높이기 위해 듣기 능력을 향상시켜야 한다

듣기 능력을 높이자

서문에서 말을 잘하는 사람이 반드시 잘 들어주는 사람은 아니지만, 잘 들어주는 사람은 반드시 말을 잘하는 사람이라고 했다. 또한 대화는 말을 주고받는 것이어서 서로를 인정하는 서비스 정신이 필요하다고 했다. 상대의 말을 들을 수 없다면 대화는 성립되지 않는다.

상대방이 들어주기를 바란다면 말하는 것이 중요함과 동시에 상대의 말을 듣는 능력을 가지고 있어야 한다. 우선 당신에게 말하고 싶은 것은 '타인의 말을 영상화시키면서 듣는 것'이다.

예를 들어 '어머니의, 자식을 향한 사랑은 깊다고 합니다.'라는 말을 들으면 당신의 머릿속에는 자신의 어머니가 떠오르지 않는가. '조금 전에 교통사고를 목격했는데, 승용차가 전복돼서 주위에 산산이 부서진 파편들이 흩어져 있었어요.'라는 말을 들으면, 당신은 교통사고의 영상이 떠오를 것이다. 영상은 이미지라고 해도 같은 말이다.

추상적인 이야기는 이미지화시키기 어렵다. '한국인의 공통된 정신구조를 이야기할 때……'라는 식의 이야기는, 이때도 영상은 떠오르지 않는다고 해도 '정신구조'라는 한자가 떠오르지는 않는가? 한자를 떠올리는 것으로 어느 정도는 인상에 남아서 이어지는 말에서 이미지를 떠올리는 경우도 있다.

우리들은 이처럼 타인의 말을 자기 나름대로 이미지화시키면서 듣는다. 평소에는 이런 행위를 자연스럽게 하고 있지만, 지금부터 한동안은 사람의 말을 들을 때 의식적으로 이미지화시키면서 들어주어야 한다. 지금까지는 이미지화하기 어려운 표현을 들으면 이미지화하는 것을 멈추고 듣지 않는 경우가 있었을 것이다.

이미지화하는 것을 의식해서 들으려고 하면, 말을 보다 쉽게 이해할 수 있게 될 것이다.

일상의 대화에서도 사람의 말을 의식하여 이미지화해서 들어야 한다. 이미지를 떠올리지 못하는 말이 있어도 조금 쉬고 다음을 기다리면 된다. 이런 반복이 듣기 능력을 키워주는 것이다.

이해력 향상에 독서는 불가결

최근에는 어떤 신문기사가 계기가 되어 독서를 많이 할수록 듣는 귀가 뜨인다는 것을 학생들에게 강조하고 있다.

A 대학 미래과학기술센터의 모 교수가 초등학생 10명에게 2분간 동화를 소리를 내서 읽게 한 후, 기억력 테스트를 실험했다. 그 결과 책을 읽은 후에는 아무것도 하지 않은 때보다 1~2% 더 좋은 테스트 성적이 나왔다.

이 결과에 대해서 그 교수는 '책을 읽으면 뇌의 앞부분이 활성화된다. 이것은 주의력이나 커뮤니케이션을 담당하는 부위여서 단련할수록 주의력은 강해지고 정서가 풍부해진다.'라고 했다.

나는 학생들에게 이 기사를 읽게 하고 그 감상을 자신의 체험에 비추어 말하도록 했다. 대부분의 학생이 몇 년간 책을 읽지 않는다고 했다. 그런데 10명의 학생이 책을 읽고 자신을 실험해 보고 싶다고 했다. 10명은 도서관이나 내 연구실에 있는 책을 읽기 시작했다. 2주 정도가 지나고 2명의 학생이 '선생님, 요즘 어떤 수업이라도 이해할 수 있게 되었습니다.'라고 하였다.

두 사람 모두 2주 동안 4권의 책을 읽었다. 다른 8명에게도 물어보니 같은 대답이었다. A 대학 교수가 말한 대로 10명의 뇌가 활성화된 것이다. 그들은 그 후에도 계속 책을 읽었다. 학생 한 명은 사람의 말을 듣는 것이 즐거워졌다고까지 말을 했다.

활자에서 얻는 것을 '만화'와 '활자만으로 된 책'을 비교해 보자.

만화는 그림이 있기 때문에 내용과 더불어 이미지도 전달해 준다. 뇌를 사용하지 않아도 읽어내려 갈 수가 있다. 활자로만 된 책은 그렇게는 할 수 없다. 자기 스스로 이미지를 떠올려야만 한다. 읽기와 병행하여 활자에서 얻은 것을 영상화(이미지화)하는 작업을 하지 않으면 앞으로 나갈 수가 없기 때문이다.

독서와 듣기와의 공통점은 이 점에 있는 것이다. 책을 읽으면서 이미지화해 가는 것은 말을 들으면서 이미지화하는 것과 같은 것이다. 듣기 훈련으로 독서를 권장하는 것도 이 때문이다.

2장의 '어휘를 늘려서 상대가 이해할 수 있는 표현으로 말하자.'에서 자신이 사용할 수 있는 어휘를 늘리기 위해 책을 읽으라고 했다. 책을 읽으면 듣는 능력도 향상되기 때문이다.

듣기 능력 향상을 위해
집중해서 듣는
기회를 늘리자

평소에 라디오를 청취하자

책을 읽을 시간이 없고, 출퇴근 시의 혼잡한 지하철에서 책을 읽을 수 없는 사람에게는 라디오 청취를 권한다. 소형 라디오를 가방에 넣고 다니면 시간이 날 때마다 들을 수 있다. 만원지하철 안에서는 이어폰으로 들을 수 있다.

라디오는 들으면서 정보를 얻을 수 있으며 듣기 연습도 되기 때문에 일석이조이다. '넌버벌 커뮤니케이션' 장에서 말했듯이 아나운서는 TV보다 라디오방송을 할 때 말에 더 주의를 하고 있기 때문에 좋은 교재가 될 것이다. 틈틈이 라디오를 듣는 습관을 가져야 한다.

어떤 겨울날 여의도에서 북한산을 조망했다고 가정하여 TV의 아나운서가 다음과 같이 말했다.

> 여의도에서 본 오늘 아침의 북한산입니다. 산정의 최저기온은 영하 15도, 어제보다 5도 내려갔습니다. 산정이 여의도에서 보이는 것은 일주일 만입니다.

이렇게 말한 후, 아무 말도 하지 않아도 시청자들은 20~30초 동안은 각자 화면을 보면서 감상에 빠질 것이다. 그러나 라디오의 아나운서가 20~30초 동안 잠자코 있다면 듣는 사람은 '라디오가 고장이 났나.' 하고 생각할 것이다.

라디오의 아나운서 멘트는 아래와 같이 될 것이다.

> KBS 9층에 있는 스튜디오에서 오늘 아침 북한산이 보입니다. 산정의 눈은 5부 능선까지 쌓여 있습니다. 그 눈은 아침햇살에 빛나고 있습니다. 여기에서 보면 하얀색이라기보다 황금색에 가깝게 보입니다. 파란 하늘을 배경으로 한층 더 선명하게 보입니다. 산정이 여의도에서 보이는 것은 일주일 만입니다. 오늘 아침 산정의 최저기온은 영하 15도, 어제보다 5도 내려갔습니다.

라디오는 이렇게 상세하게 전해 주기 때문에 듣는 연습에 도움이 된다.

당신은 이 아나운서 멘트를 들으면서 당신 나름대로 북한산을 이미 지화시킬 수 있었을 것이다. 더욱이 TV라면 영상을 보여주기 때문에 영상이 사라지면 이미지도 저절로 사라진다.

라디오는 끝난 뒤에도 '황금색으로 빛난다고 했지만, 실제로는 어떤 색일까, 혹시 은빛이 아닐까.' 하고 이미지를 확대해 나갈 수 있다.

적극적으로 들으려는 노력

라디오의 낭독시간을 활용해야 한다. 성우나 아나운서가 문학작품을 낭독하는 프로가 있을 것이다. 평소에 말하는 투와 조금 다르기 때문에 주의해서 듣지 않으면 놓치기 쉽다. 눈을 감고 집중해서 듣고 있으면 신선한 이미지가 떠오를 것이다.

나는 낭독교실의 강사도 하고 있다. 강의에서는 읽는 것은 물론이고, 듣는 것에도 중점을 두고 있다. 한 사람이 읽고 있을 때, 다른 사람들은 작품이 인쇄된 종이를 뒤집어 놓고 문자를 보지 않고 듣는다. 그리고 읽은 사람의 낭독이 잘 전달되었는지 어떤지를 중심으로 순서대로 감상을 이야기한다.

처음에 사람들은 당황해했지만 2개월이 지나고 익숙해지자 적절한 비평도 할 수 있게 되었다. 그리고 듣는 귀가 뜨이면서 읽는 법도 바뀌었다. 한 자 한 자씩 읽는 습관이 의미의 연결을 전달하는, 읽는 법으로 변한 것이다.

초등학교 때, 국어시간에 교과서를 읽었을 것이다. 누군가 읽고 있으면 다른 사람은 교과서를 보고 있었다. 왜 보고 있는 것일까. 선생님들에게 물으면 단어나 문자를 확인하기 위해서라고 한다. 이것도 필요한 것이지만, 어째서 이것을 듣는 연습에 응용하지 않았을까 하는 아쉬움이 남는다.

만약 선생님이 읽고 있는 아이 이외의 학생들에게 교과서를 덮고 듣도록 했었다면, 우리들은 한층 더 잘 듣는 사람이 되었을 것이다.

이토록 작은 노력으로 듣기 능력이 월등히 발전하게 되는 것이다.

나는 선생님들의 연수회에서 국어시간에 위에서 말한, 듣는 연습을 시험해 볼 것을 부탁하면서 조회시간에 있었던 교장선생님의 훈시를 이용해 보도록 제안했다. 교장선생님의 말씀을 듣고 교실에 돌아가서 교장선생님이 무슨 내용을 말했는지, 무엇을 제일 말하고 싶어 했는지를 써보도록 하는 것이었다.

많은 선생님이 실행해 보고 듣기 능력의 향상에 도움이 되고 있다고 말했다.

당신도 듣는 기회를 늘려야 한다. 상사나 동료의 말을 주의 깊게 듣는 것이다.

아이의 말은 아이들의 눈높이에 맞춰 말을 들어주어야 한다.

듣는 연습은 마음가짐 하나로 충분히 할 수 있는 것이다.

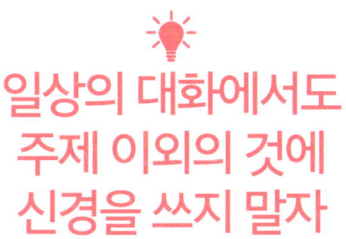

일상의 대화에서도
주제 이외의 것에
신경을 쓰지 말자

잡념이 들기 쉽다

말을 듣지 않게 되는 원인 중 하나가 말을 할 때와 들을 때에 속도의 차이가 있다는 점이다. 말의 속도보다 듣는 속도가 더 **빠르다**. 다음의 문장에서 생각해 보도록 하겠다.

1. 어제는 일부러 이곳까지 와주셔서 대단히 감사드립니다.
2. 당사의 지난달 영업실적은 지지난달과 비교해서 미세하지만 상승했습니다.

먼저 1번 문장이다. '어제는 일부러 여기까지 와주셔서'까지 들으면 다음은 '대단히 감사합니다.'라고 말할 것이 틀림없기 때문에 듣는 사람은 마지막까지 듣지 않고 이해하게 된다. 말하는 사람이 '대단히 감사합니다.'라고 말하는 시간에, 듣는 사람은 이해하고 있기 때문에 공백시간이 되는 것이다.

2번 문장은 1번 문장과 비교해서 조금 복잡하지만, 말의 흐름에서 '…… 상승'까지 들으면 설마 '상승'의 다음에 '하지 않았다.'라고는 말할 리가 없기 때문에 전부 들은 것이 된다. 여기에도 아주 작지만 공백시간이 생긴다.

말하는 사람은 마지막까지 말하지 않으면 안 되지만, 듣는 사람은 말이 끝나기 전에 이해하는 것이다.

정확하게 말하면 '듣는 사람의, 이해의 속도가 말하는 사람의 말이 끝나는 것보다 빠르다.'라는 것이다.

또한 2장의 '자연스러운 인토네이션'에서 말했듯이 말하는 사람은 말이 끝난 다음, 숨을 고르는 시간은 침묵하고 있기 때문에 공백의 시간은 길어진다.

듣는 사람은 이 공백의 시간에 잡념이 들기 쉽다. 1번 문장의 말을 듣고 있을 때의 공백에 '저 사람은 오늘 겸손하군.' 하는 생각이 든다. 이 정도 생각만으로 끝내고 다시 말을 들을 수 있다면 좋겠지만, 잡념이 더 발전해서 '항상 양복을 입고 있었는데 오늘은 턱시도를 입고 있군.' 등등의 생각이 들면 말은 듣지 않게 된다.

잡념 퇴치는 일상의 대화에서부터

친한 친구들과 잡담을 하고 있을 때의 자신을 관찰해 보자. 상대가 아직 말하고 있는데 이야기와는 상관없는 것을 생각하고 있지는 않는가. 그런 생각이 잠깐 들고 사라지면 좋지만 떠오른 생각이 가지를 치고 뻗어나가지는 않는가.

누구라도 다소 잡념이 들 때가 있지만, 그것이 반복되거나 항상 다른 방향으로 뻗어가는 사람은 요주의이다. 이것을 자각했다면 잡념을 떨치고 대화에 집중하는 노력을 해야 한다. 일상의 잡담에서 교정해가지 않으면 퍼블릭 스피킹 장소에서도 같은 일이 일어난다. 집중력에 관해서는 다음 항에서 알아보겠다.

다른 사람의 말을 듣는 것도 좋은 공부가 된다. 앞서 지하철 안에서 기관총과 같이 말하는 세 명의 중년여성 이야기를 했다. 당신도 똑같은 장면과 마주할 때가 있었을 것이다. 그럴 때 조용히 관찰해 보자. 잡념이 뇌리에 스치는 단계를 넘어 그 잡념이 그대로 말이 되어 나오는 것을 알 수 있을 것이다.

그래서 말이 오락가락하고 일정하지 않다. 심심풀이 잡담이 전부 무의미한 것은 아니다. 우정을 깊게 하는 어느 정도의 잡담은 필요하다. 하지만 정도를 넘어서는 안 된다.

대화의 본래의 목적은 서로 도움이 되는 정보를 교환하거나, 서로를 자극하여 향상시키는 것에 있다. 시간을 유용하게 사용해야 한다.

잡념이 더욱더 빠르게 떠올라 다른 사람의 말을 도중에 가로채는 행동으로 나타나는 경우도 자주 있다. 예를 들면 '지난 일요일 부산에 갔었는데' 하고 한 사람이 말한 순간, 다른 사람이 '나도 작년에 부산에 갔었어. 3일 있었는데 맛있는 거 많이 먹었다.' 하고 끼어들면 어떨까? 처음에 말한 사람이 부산 해운대 바다에 감동을 받은 것을 말하려 했다면 말할 기분이 들지 않을 것이다. 타인의 말을 마지막까지 들어주어야 한다.

5분간 집중력 테스트로 귀에 신경을 집중하는 방법을 익히자

집중력 테스트 방법

말을 듣기 위해서는 집중력이 필요하다.

프로야구선수가 겨울훈련 때 폭포 아래에서 스윙연습을 했다거나, 좌선을 하면서 집중력을 키운다는 뉴스를 본 적이 있었을 것이다. 투수의 경우는 던지는 공, 외야수는 날아오는 공 하나하나를 집중해서 플레이를 하지 않으면 안 되기 때문이다.

프로야구선수 정도는 아니더라도 들을 때에는 무슨 일이 있어도 말하는 사람의 말에 집중을 해야 한다. '확실히 듣자.'라고 정신을 차리는 것만으로도 많이 달라진다.

　말하는 사람의 눈을 보면서 집중해서 들으려고 노력해야 한다.

　시간에 여유가 있는 사람은 아래와 같은 테스트를 해보자. 집중력 테스트이다.

　초침이 있는 시계, 그리고 종이와 연필을 준비한다. 어디라도 좋으니 비교적 조용한 방의 책상에 앉아 시험하는 것이 좋다.

　5분간 잠자코 있으면서 들려오는 소리를 전부 써보는 것이다. 무슨 소리인지 특정할 수 없는 소리는 들리는 그대로 적는다. 5분이 지나면 들은 소리가 몇 가지나 되나 헤아려 본다. 조용한 방이라도 귀를 기울이면 의외로 많은 소리가 들릴 것이다.

　끝나면 15분 정도 휴식을 취한다. 15분이 지나면 똑같은 시험을 다시 한 번 해본다.

　이번에는 소리가 몇 개나 들렸나? 첫 번째보다 늘어났다면 집중력이 늘어난 것이 된다. 첫 번째와 똑같거나, 줄었다면 다시 한 번 반복한다.

　이 테스트를 한 후, 다른 사람들의 말을 들어보자. 이전의 자신보다 타인들의 말을 잘 들을 수 있게 된 자신을 발견하게 될 것이다.

듣기 능력이 늘었다

내가 강의하고 있는 대학의 '커뮤니케이션 기법' 수업에서 이 집중력 테스트를 사용하고 있다. 듣기 능력을 향상시키기 위한 첫 번째 수업은 비디오에 수록된 3분 정도의 알기 쉬운 논리적 말을 듣고, 어떤 내용을 말하는 것이며, 그 사람이 말하려고 하는 것은 무엇인지 쓴 것을 보면 대부분의 학생이 이해하고 있다는 것을 알 수 있다.

두 번째는 마찬가지로 비디오에 수록된 5분 분량의 조금 논리가 복잡해진 말을 들려준다. 서문에서 잠깐 언급한 우리나라에서 공부하는 독일 유학생이 웅변대회에서 말한 내용이다. 그 내용의 요점을 말의 순서에 따라 쓰게 했더니 다음과 같았다.

① 뭐라고 해도 찹쌀떡이 최고다. 나는 부드럽고 하얀 모양에 반했다.
② 독일에는 바우므쿠헨이 있다. 찹쌀떡과 바우므쿠헨, 일본인과 독일인의 성격을 상징하고 있다고 생각한다.
③ 일본인은 찹쌀떡을 닮았다. 그 사람의 얼굴을 보면 어떤 의견을 가지고 있는지 알 수 없다. 속에 맛있는 팥이 들어 있는 것을 감추는 것이 미덕이다. 술의 힘을 빌리면 좋은 의견들이 속출한다.
④ 독일인은 바우므쿠헨 나무의 나이테처럼 자신의 지혜 축적을 상

대방에게 전하려고 한다.

⑤ 차의 광고에도 나타나 있다. 독일에서는 '내구성이 있다. 연비가 좋다.' 등 차의 성능이 얼마나 뛰어난가를 선전한다. 하지만 일본은 로맨틱한 음악을 배경으로 아름다운 배경 속을 운전하는 모습을 보여준다.

⑥ 찹쌀떡은 만든 후 하루 안에 먹지 않으면 맛이 변한다. 바우므쿠헨은 연륜만큼 다시 구워서 3개월에 걸쳐 만든다.

⑦ 이 두 개의 차이는 일본과 독일의 물건을 만드는 생각에도 나타나 있다.

⑧ 일본은 바우므쿠헨과 같이 장기전망으로 물건을 만들겠다는 생각이 필요하다.

⑨ 세계에서 일본은 폐쇄적이라거나 시장을 개방하라는 주장이 많다.

⑩ 하지만 '누르면 팥이 튀어 나온다.' 일본인을 폐쇄적이라고 하기 전에 왜 일본인을 눌러보려는 노력은 하지 않는가. 어디를 어떻게 누르면 좋을지, 그 부분과 방향성이 문제일 것이다.

⑪ 그래서 나는 어디를 어떻게 누르면 팥이 나올 것인가 연구에 전념하고 있다.

⑫ 일본에 흥미가 있는 사람이라면 찹쌀떡을 먹어보면 어떨까. 뭐니 뭐니 해도 찹쌀떡이 최고다.

인용이 장황해진 것과 오래전의 이야기를 사례로 들었다.

이 비디오를 학생들에게 보여주고 첫 번째와 마찬가지로 내용과 무엇을 말하고 싶어 하는지를 쓰게 했다. 메모를 하면서 듣는데 ⑩까지 알아듣는 학생은 드물었으며 대부분이 ⑥까지밖에 알아듣지 못했다.

여기서 주제를 확인해 주고 '이 사람은 찹쌀떡을 긍정하고 있는가, 부정하고 있는가.'를 설명한다. '뭐니 뭐니 해도 찹쌀떡이 최고.'라는 것이 주제이기 때문에 찹쌀떡을 긍정하고 있다는 것을 이해시키고서 앞선 집중력 테스트를 한다.

테스트 시행 후 다시 한 번 비디오를 보고 쓰게 하면 90%의 학생이 모두 알아들을 수 있었다.

매년 같은 비디오를 사용하고 있는 것은 해에 따라서 학생의 듣기 능력에 변화가 없는가를 보기 위해서이다. 최근 1~2년 아주 조금씩이지만 떨어지고 있다.

집중력 테스트를 했는데도 알아듣지 못하는 학생과 대화를 해보면 그들이 남들의 말을 들을 기회는 친구와 이야기하는 것과 대학의 강의뿐이라고 해도 과언이 아니라는 것을 알게 되었다. 지금 20세 전후의 사람들은 초등학교 때부터 듣는 것을 배우지 않았다. 가정에서의 대화 또한 적었다.

'대학교에 와서 처음으로 듣는다는 것의 중요함을 알게 되었다.'라고 많은 학생들이 말을 한다. 학생들은 '깨닫는 것이 늦었지만 다행이다'라고 말하고 있지만, 복잡한 심경이다.

말을 잘 듣는(聽) 사람으로 키우기 위한 치밀한 노력이 필요하다.

'듣고 있다'는 사인은 말하는 사람을 신나게 한다

어깨선을 상대방에게 향한다

말을 들을 때 양 어깨선을 말하는 사람에게 향하도록 신경을 써야 한다. 말하는 사람과 정면으로 마주보며 이야기를 듣는 것이다.

이것이 말하는 사람에게 '당신의 말을 듣고 있습니다.'라는 사인이 된다.

얼굴은 말하는 사람에게 향해 있어도 몸이 대각선으로 향해 있으면 말하는 사람은 '이 사람은 정말 내 이야기를 듣고 있는 걸까.' 하는 불안감이 생긴다.

말하는 사람의 입장에서 생각하면 곧 알 수 있다. 열심히 말하고 있는데 듣는 사람이 정면으로 이쪽을 향해 있지 않으면 말할 의욕이 꺾이고 만다. 말하는 사람을 향해 정면으로 마주보고 응시하면 '열심히 듣고 있으니, 자, 더 말하십시오.' 하고 말하는 것과 같아서 말하는 사람은 신이 나서 말을 하게 된다.

강연을 하고 있을 때는 당연히 청중을 보고 말을 한다.

청중의 반응은 솔직한 것이다. 청중에게 흥미를 끄는 말을 하고 있을 때에는 모두 어깨선이 연사를 향해 있다.

잠깐이라도 방심해서 식상한 이야기를 하면 그 순간부터 청중들의 어깨선이 움직이기 시작하여 이윽고 얼굴을 돌리거나 고개를 숙이게 된다. 청중의 '당신의 강연은 재미없다.'라는 사인인 것이다. 이럴 때에는 화제를 바꾸어야만 한다.

TV를 보고 있으면 가끔 얼굴은 이쪽을 향하고 있지만 어깨선은 대각으로 향하며 말하는 사람이 있다. 본인은 좋다고 생각하고 하는 행동이겠지만 꼴불견으로 보이거나 거만하게 보일 수 있다.

어깨선을 이쪽을 향해 말하지 않으면 안심하고 들을 수 없는 것이다.

말하는 사람이 되었을 때, 반대로 생각해 보면 알 수 있다.

말하는 사람을 정면으로 바라보면 말하는 사람은 '열심히 들어줄 것 같기 때문에 성심을 다해 이야기하지 않으면 안 되겠구나.' 하고 진지하게 말하게 된다.

눈을 보고 말하기

말하는 사람에게 듣고 있다는 것을 전달하는 또 하나의 사인은 눈이다. 예전부터 '눈은 입만큼이나 많은 것을 말한다.'라고 했다. 표정 중에서 눈이 갖는 역할은 절대적이다. 지금까지 듣는 사람의 눈을 보고 말하고, 말하는 사람의 눈을 보며 들으라고 강조해 왔다. 눈에 관해서 좀 더 알아보도록 하겠다.

아나운서 중에서도 인터뷰를 잘하는 사람과 서툰 사람이 있다. 인터뷰를 잘하는 사람은 눈을 잘 이용하는 사람이다.

인터뷰를 당하는 사람은 마이크를 들이대거나, 라이트를 받기 때문에 조금 긴장감을 느끼게 된다. 이 긴장감을 완화시켜 주는 것이 듣는 사람의 선한 눈이다.

책임을 묻는 것과 같은 인터뷰에서는 선한 눈을 지을 수 없지만, 그 사람의 인품이나 생각 등을 알아보는 인터뷰에서는, 선한 눈은 인터뷰를 하는 사람의 마음을 편안하게 해주고 열리게 만들어준다.

또 하나의 비결은 상대의 말이 끝나도 곧 다음 질문으로 넘어가지 말고 한참 눈을 응시하는 것이다. 특히 상대의 대답이 추상적이어서 실제의 체험에서 오는 대답을 얻기를 바란다면 눈을 계속 응시하는 것이다. 그러면 상대방은 말을 더 하라며 기다리고 있다고 느끼게 되기 때문에 조금 시간을 둔 후, 자신의 체험을 본심으로 말하기 시작할 것이다.

그리고 그 체험에 초점을 맞춰 인터뷰를 진행해 가면 그 사람의 인격, 생각, 가치관이 나오게 되면서 좋은 인터뷰를 할 수 있다. 너무 추상적인 대답은 편집에서 삭제되어 방송되지 않는 것은 당연하다. 아나운서는 프로이기 때문에 하고 치부하면 곤란하다. 이것은 어떤 경우에서도 적용되는 사항이다.

말을 들을 때에는 말하는 사람의 눈을 보아야 한다. 말 도중에 그 말을 이해하기 위해 생각하거나, 무언가를 생각해 내기 위해 눈을 감거나, 시선을 돌리는 것은 상관이 없지만 가능하면 빨리, 말하는 사람에게 다시 시선을 주어야 한다. 그리고 말하는 사람이 말을 끝내도 잠깐 동안 눈을 응시해야 한다. 다음에 더 좋은 말이 나오는 경우도 있기 때문이다.

이처럼 어깨선과 눈의 움직임은 말을 듣는 심정을 말하는 사람에게 전하기 위해 무시할 수 없는 것이다.

어깨선과 눈의 움직임을 실감하기 위해 거울 앞에 서보자. 거울 속에 사람들이 있다고 상상하고 어깨선을 움직여 보자.

어깨선의 움직임에 따라 몸이 움직이고 눈도 따라 움직인다. 당연한 것이라고 생각하지 말고 이 움직임을 기억해 두어야 한다.

당신이 말을 들을 때 지금까지보다 더 어깨선과 눈을 의식할 것이다.

시선의 높이를 정해서
상대방의 부담감을
덜어준다

눈을 맞춘다

어머니가 식사준비를 하고 있을 때 아이가 돌아왔다. 아이는 학교에서 있었던 일을 엄마에게 말하고 싶어 뛰어서 돌아온 것이다. '엄마, 엄마.' 하고 부르고 있다. 자, 당신이라면 어떻게 하겠는가?

건성으로 돌아보며 '왜~'라고 대답할까, 아니면 얼굴을 아이에게 향하며 '왜~'라고 할까? 둘 다 아니다. 말을 듣는 자세가 틀렸다는 것이다. 아이는 엄마에게 말하고 싶어 뛰어서 왔는데 실망해서 말하고 싶은 마음이 없어질 것이다.

아무리 바빠도 잠깐 하던 일을 멈추고 아이에게 몸을 향해야 한다. 그리고 무릎을 꿇고 아이와 눈높이를 맞춰 주는 것이다. 그럼 아이는 학교에서 경험한 것을 열심히 말할 것이다. 그 이야기를 진지하게 들어주고 맞장구도 쳐주어야 한다.

그리고 어머니의 감상도 들려주는 것이다. 이야기를 다한 아이는 만족감에 안심하고 혼자서 놀 것이다. 이때 어머니는 충분히 식사를 준비할 시간을 가질 수 있다. 아이의 이야기는 그다지 길지 않기 마련이기 때문에 1~2분 정도 들어주면 충분하다. 겨우 1~2분을 희생하는 것으로 아이는 밝고 정서가 풍부한 아이로 자라는 것이다.

아이가 낮은 시선에 반응했다

눈높이에 대해 또 하나의 경험을 소개하겠다. 지방에 있는 한 초등학교에서 한자 음독 실험수업을 했을 때의 일이다. 4학년 반에서 교과서의 '여우'를 읽게 했다. 한 줄의 뒷줄에서부터 한 사람씩 순서대로 '여우'의 마지막 부분을 읽게 했다. 세 명까지 문자만을 읽을 뿐 내용은 전달되지 않았다. 그래서 세 번째로 읽은 아이에게 내가 쓰여 있는 대로 연극을 해보도록 시켰다.

내용은 다음과 같다.

새끼를 꼬고 있는 농부의 등 뒤에서 여우가 항상 자신이 몰래 밤을 놓아두던 곳에 밤을 놓고 돌아가려고 할 때 그만 농부에게 들키고 말았습니다. 농부는 손에 총을 들고 '귀한 고기를 훔친 나쁜 여우가 너로구나.' 하며 총을 쐈습니다. 여우는 쓰러졌습니다. 농부가 다가가 보니 여우의 손에는 밤이 있었습니다. 농부는 '항상 밤을 가져왔던 게 너였었구나.' 하고 물어보자 여우는 힘없이 고개만 끄덕였습니다.

이 장면을 둘이서 연극했다. 총에 맞았을 때 공중에 뜨듯이 뛰어오르던 이 아이의 박진감 넘치는 연기에 모두들 큰 박수를 쳤다. 자리에 돌아온 아이는 읽는 것이 바뀌어 내용을 완전히 이해하며 전달하고 있었다. 다음 아이와 그 다음 아이도 내용을 완전히 이해하고 읽었다. 연극을 보고 나서 모두에게 이 장면의 이미지가 생겼기 때문이다. 제일 앞줄의 남자아이의 순서가 됐다. 옆자리의 여자아이가 나에게 손으로 엑스 표시를 하며 무언가를 전하려고 했다.

나는 개의치 않고 남자아이의 앞에 쪼그려 앉은 후, 그 아이와 눈높이를 맞추었다. '읽어볼까?' 하고 물어보자 남자아이는 생긋생긋 웃기만 하는 것이었다. '그럼 읽고 싶은 마음이 생기면 손을 들어라.' 하고 말하며 일어나려고 하자 그 아이는 아주 작게 손을 움직였다.

드디어 남자아이가 일어났다. 그러자 맨 뒤에서 견학하고 있던 선생님들이 술렁거렸다. 그 아이는 멋지게 읽었다.

이 실험수업은 10월에 있었는데 이 아이는 4월에 전학 온 이후 지금까지 교실에서 한 마디도 하지 않았다고 한다. 옆자리의 여자아이가 엑스 표시를 하거나 선생님들이 술렁거린 것은 이런 이유 때문이었다.

왜 읽게 되었을까? 하나는 연극을 보고 흥미를 느끼게 되어서 읽고 싶어졌는지 모른다. 또는 내가 그 남자아이의 눈높이와 똑같은 높이에서 말을 했기 때문인지도 모른다.

내가 선 채로 그 아이에게 말을 걸었다면 읽고 싶은 마음이 생기지 않았을 것이다. 위에서 밑을 바라보며 무언가를 말하면 위압감을 느끼게 된다. 눈높이를 맞추는 것으로 그 위압감이 사라진 것이다.

눈높이가 듣는 사람에게 얼마나 중요한 것인지 잘 알 수 있을 것이다.

아이와 말할 때만이 아니다. 비교적 키가 작은 사람과 이야기할 때에 실례가 되지 않을 정도로 눈높이를 낮게 하는 것이 좋다.

주제를 빨리 파악하기 위해
질문을 전제로 듣는다

'하고 싶은 말이 무엇입니까'

　말하는 사람이 무엇을 말하고 싶은가를 빨리 파악하는 것도 듣는 사람의 중요한 역할이다. '무슨 말을 하고 싶은 걸까.', '무엇을 말하려고 하는 걸까.' 하고 항상 생각하면서 들어야 한다. 많은 사람들이 '말이 서툴다.'고 말한다. 사실 '말이 서툰' 사람은 많다. 말이 서툰 사람이 금방 말을 잘하게 될 수는 없다. 예를 들어 당신의 상사가 말이 서툴고 무슨 말을 하는지 모를 때 '부장님 무슨 말씀입니까?' 하고 물을 수는 없다.
　그럼 상사의 말을 들으면서 흐름 속에서 무슨 말을 하고 있는지 파악하는 것도 듣는 사람에게 요구되는 서비스 정신이다.

강연회 등은 자신이 원해서 가는 것이기 때문에 듣고 싶지 않은 말은 듣지 않아도 어느 정도는 괜찮다. 하지만 회사에서 사장의 훈시나 부장의 인사말은 듣지 않을 수 없다. 사장이나 부장이 말이 서툴다고 듣지 않으면 일을 진행할 수가 없다. 듣기 위한 인내력도 필요한 것이다.

대학교 교수가 좋은 방법을 가르쳐주었다. 그 교수는 사람의 말을 들을 때 '반드시 질문을 하자.'라고 마음먹고 말을 듣는다고 한다. 학내 연수회 등에서 사람의 말을 듣고 있는 교수를 관찰하고 있으면 몇 명은 졸음과 싸우면서 듣고 있는데 비해 그 교수는 필사적으로 듣고 있는 것이다.

질문을 생각하면서 듣기

이 말을 들은 후부터 나도 '반드시 질문을 해보자.'라고 생각하고 듣기 시작했다. 이 방법은 분명히 효과가 있었다.

내가 좋아하는 작가의 강연회가 있었다. 작품을 몇 권이나 읽었기 때문에 큰 기대를 하고 참가했다. 그런데 그 작가는 말을 할 때 밑을 보며 더듬더듬 말할 뿐 작품에서 느꼈던 박력은 전혀 느낄 수가 없었다. 전형적인 말이 서툰 사람이었다.

　주위를 둘러보니 강연이 시작되고 5분도 지나지 않았는데 졸기 시작하는 사람이 있을 정도였다. 이때 '질문을 하자.'라는 방법이 생각났다. 졸음이 사라졌다. 작가의 말이 끝날 때마다 '지금까지의 말 중에서 뭔가 질문할 건 없을까.' 하고 생각하면서 들었다. 그러자 그의, 말의 흐름을 잘 파악할 수 있었다. '뭔가 질문할 게 없을까.' 하고 생각하자 '무엇을 말하고 싶은 걸까.'가 보이기 시작한 것이다.

　높은 평가를 받고 있는 작가인 만큼 사전에 강연의 구성은 생각했을 것이다. 역시 작가의 말을 주의 깊게 들으면 좋은 이야기를 하고 있다. 강연의 서두에서 결론까지가 길거나, 소곤거리듯 말을 하고 있기 때문에 청중은 듣지 않게 되는 것이다.

　이 작가에게 '당신의 강연은 서툴기 때문에 좀 더 공부하세요.'라고는 할 수 없다. 만약 그런 말을 한다면 '바쁜 와중에서도 간절히 부탁하니까 어쩔 수 없이 왔다.' 하고는 다시 강연을 맡지 않을 것이다.

　당신의 회사 사장이나 부장은 나름대로의 노력을 해서 실적을 쌓아 왔기 때문에 그 지위에 오를 수 있었던 것이다. 말은 서툴지 몰라도 말하고 있는 내용은 충실한 것임에 틀림없다. 말이 서툴다고 해서 듣는 것을 멈추지 말고 끝까지 들어보아야 한다.

　질문을 생각하면서 듣는다는 것은 어디까지나 하나의 방법이다. 앞에서도 언급했지만 영상을 이미지화하는 것도 좋을 것이다.

어쨌든 엉성한 이야기라도 '무슨 말을 하고 싶은 걸까.', '무엇을 말하려 하는 걸까.'를 생각하면서 마지막까지 들으려는 노력을 게을리 하면 안 된다.

열심히 들어주는 사람이 한 명이라도 있으면 말하는 사람은 그 사람을 의식하면서 말을 잘하는 사람이 될지도 모른다.

'사실'과 '의견, 감상'을 구별하면서 들어라

사실과 의견의 혼동에 주의

사람의 말을 녹음한 것을 재생해서 들으면서 사실과 의견·감상을 각각 구별해서 써보자. 방송이나 라디오의 '토론회' 등을 녹음해서 듣는 것도 좋다. 각 당의 국회의원이나 교수들이 나와서 토론을 하거나 감정을 표출할 때도 있기 때문에 사실과 의견·감상을 구분하는 연습에 적합하다.

'2장 표현력을 향상시켜야 한다'에서도 '사실과 의견·감상을 구분하자.'라고 말했다. 말하는 경우뿐만 아니라 들을 때에도 이 구분은 필요하다. 특히 반대의견을 가진 사람과 토론하는 경우에 토론이 끝나면 심하게 화가 났던 것은 기억해도(자신도 감정이 격앙되어 있기 때문에) 무엇을 어떻게 화를 냈는지 모르는 경우가 있다.

이렇게 되지 않기 위해서 평소부터 잘 구분해서 들으려는 노력이 요구된다.

다음 문장을 읽고 사실과 의견·감상으로 각각 구분해 보자.

① 미·영국군이 이라크공격을 감행했습니다. ② 대단히 불행한 일입니다. ③ 미국 측 주장은 이라크가 대량 살상무기 폐기에 응하지 않았기 때문이라고 합니다. ④ 하지만 유엔에 의한 사찰은 계속되고 있습니다. ⑤ 일부이지만 ⑥ 미사일폐기에는 응했습니다. ⑦ 국제여론도 전쟁에 반대하는 목소리가 높아지고 있습니다. ⑧ 조금 더 시간을 두고 사찰을 했어도 좋지 않았을까? ⑨ 지금은 단지 전쟁의 조기 종결을 바라는 마음뿐입니다.

①은 정확한 사실이다. ②는 의견이라기보다 감상이다. ③과 ④는 사실이다. ⑤는 좀 어렵지만 일부인지 대부분인지가 현 시점에서 확인되지 않은 사항이기 때문에 의견이다. ⑥과 ⑦은 사실이다. ⑧은 의견이다. ⑨는 의견이라고 할 수도 있고 감상이라고 할 수도 있다.

이 말을 듣고 누군가 다른 사람에게 이것을 전하려고 할 때, 사실과 의견을 혼동해서 들으면 잘못된 정보를 전달하기 쉽다. 예를 들어 ⑤를 사실로 들으면 잘못된 정보를 전달하는 것이 되는 것이다.

타인의 의견에는 '주석'을 더한다

예문의 ⑤와 ⑧과 ⑨를 다른 사람에게 전달할 때 '○○○ 씨의 의견은……'이나 '……와 ○○○ 씨는 말했다.'와 같이 '주석(설명)'을 덧붙이면 좋을 것이다.

몇 명이 2명씩 조를 나누어 선두의 사람에게 같은 정보를 전달하고 나머지 사람들은 귓속말로 차례로 전달해 갈 때 마지막 사람에게 올바르게 정보가 전달되었는가 하는 놀이가 있다. 당신도 경험한 놀이일 것이다. 정보는 좀처럼 올바르게 전달되지 않는다. 정보의 전달법을 고려해 볼 수 있는 좋은 참고 사항이다.

인편으로 정보를 얻을 때가 많다. 인편에 의한 정보는 이 게임과 같이 올바르게 전달되지 않는 경우가 많다고 생각해야 한다. 그렇기 때문에 사람의 말을 들을 때에는 사실과 의견 · 감상을 확실히 구분해서 들어야만 한다.

예문을 사실과 사실로써 전달하고 의견 · 감상에는 '주석'을 덧붙여 말을 해야 한다. 듣는 사람은 잘 정리된 정보로 받아들이기 때문에 전달되기 쉬워질 것이다. 사실과 의견·감상으로 구분하기 어려운 정보일 때 되물어 볼 수 있는 경우라면 확인해야만 한다. 만약 신문에서 얻은 정보라면 다른 신문이나 TV와 같은 정보와 비교하면 알 수 있을 것이다.

왕성한 호기심과
열린 마음으로 듣자

무엇이든 보고 듣자

평소에 호기심이 왕성하면 말을 듣는 법이 바뀐다. 모든 것에 호기심을 가지고 있기 때문이다.

예전에 한 작가가 쓴 "무엇이든 보고 듣자"라는 책이 베스트셀러가 된 적이 있다. 지금과 같이 해외여행이 자유롭지 못했던 시절, 그는 자국에서 미국까지의 항공권을 사고, 미국에서 동쪽을 돌아 자국에 돌아오는 항공권을 샀다. 지하철로 말하면 어디든지 언제라도 도중하차가 가능한 티켓이다. 이것을 이용해 세계 일주를 한 것이다.

해외정보가 별로 없었던 시대였다. 인도의 하층민과 생활하는 등 당시 우리들은 상상도 하지 못했던 체험들을 정리해서 책으로 만든 것이다. 우선 항공권 시스템을 이용한 점에 놀랐고, 다양한 외국의 서민들의 생활 속에 뛰어든 용기와 적극성에 감동했다.

이것은 왕성한 호기심이 없었다면 불가능한 일이었을 것이다. 나는 그의 '무엇이든 보고 듣자'라는 정신에서 호기심을 갖는 것에 대한 중요함과 즐거움을 배웠다.

당신도 이 '무엇이든 보고 듣자'의 정신을 가져야 한다. 항상 같은 코스를 걷지 말고, 운동코스를 조금씩 바꾸어보는 것만으로도 달라진다. 새로운 것을 발견할 것이다. 발견하면 그대로 두지 말고 가까운 사람에게 물어보는 것이다.

왕성한 호기심을 지니고 있는 것으로 많은 정보를 얻을 수가 있다.

의욕적으로 정보를 받아들이려는 것은 다양한 사람과 만나서 대화해 보지 않으면 안 된다. 결과적으로 잘 듣는 사람이 된다는 것이다.

적극적으로 조사하자

정보를 얻어도 그 정보가 불완전한 것이거나, 더 정보를 얻고 싶으면 적극적으로 조사하는 습관을 길러야 한다. 불완전한 채 방치해 두면 간신히 얻은 정보도 도움이 되지 않는다. 잊어버리기 전에 조사해 두어야 한다.

학생의 리포트를 보면 오자나 탈자가 많은 것에 놀라고는 한다. 나는 리포트를 모두 손으로 쓰게 하기 때문에 틀리는 한자나 문자가 많다.

몇 번이나 틀리는 자(字)가 '유학(留學)'이다. 같은 리포트 속에서 중국인 유학생이라고 분명히 쓰여 있는데 '流學'이라고 쓴 것이 많다. '머물면서(留) 공부한다(學)'는 마음이 아닌 흘러 흘러(流) 배운다는 것이다.

오자를 쓴 학생에게는 그 앞에서 곧바로 사전을 찾아서 조사하도록 하고 있다. 사전을 찾아보는 습관을 길러주기 위해서이다. '나중에 사전을 찾아보게.' 하고 상냥하게 말하는 것만으로는 찾아보지 않을 것이 분명하기 때문이다.

모르는 것이 있으면 조사하거나 물어보거나 하지 않고 생략해 버리는 것이다. 이래서는 자신의 정보나 지식으로 만들 기회를 놓치는 것이다.

호기심을 가지고 정보를 얻어도, 조사해서 완전한 정보로 만들지 않으면 의미가 없다. 지금은 인터넷에서 간단하게 조사할 수도 있으니까 곧바로 조사해 보는 습관을 익혀두어야 한다.

메모하면서 듣기,
머리로 이해하는 것으로
끝내지 말자

메모광이 되자

우리들의 기억은 애매모호하기 때문에 메모하는 습관을 길러야 한다. 말을 들은 후에는 모두 이해했다고 생각해도 1시간이 지나면 들은 말이 생각나지 않았던 경험을 누구나 가지고 있을 것이다.

메모를 하는 습관을 가져야 한다. 메모광이라고 불릴 정도로 많은 메모를 해도 상관이 없다.

나는 6명의 변호사를 차례로 만난 적이 있다. 어느 변호사 사무실을 방문해도 그들은 반드시 종이에 메모를 한다. 한 명에게 물어보니 '법정에서는 단 한 마디가 판결을 좌우하는 경우가 있기 때문에.'라고 말해 주었다. 변호사가 메모광이 되는 이유를 이해할 수 있었다.

그 이후로 나도 메모광이 되었다. 물론 그때까지 취재할 때에는 메모를 했지만 '상세하게 적었다.'라고는 할 수 없었다. 상대방의 말 속에 '나도 그렇게 생각한다.'라고 자신이 이해한 것은 메모를 하지 않았다. 그런데 내가 이해한 내용이라도 상대방이 사용한 표현은 그 사람만의 독특한 것으로, 사용한 단어나 뉘앙스 속에 열쇠가 숨겨져 있는 경우가 많다. 이것을 메모해 두지 않으면 곧 잊어버리는 것이다.

사람의 말을 들으면서 정확히 메모를 하는 것은 대단히 어려운 것이다. 속기를 할 수 있으면 좋겠지만 속기라는 것이 그렇게 간단하게 습득할 수 있는 기술은 아니다. 그래서 나는 다른 사람의 말을 듣고 있을 때 명사만을 간격을 두어 순서대로 써두고 그 사람과 헤어지고 잊어버리기 전에 조사나 동사를 써넣어 문장을 완성시킨다.

방송국에 돌아오면 곧바로 다른 노트에 옮겨 적는다. 이렇게 하면 취재한 사람의 표현을 그대로 남길 수 있다. 사실은 이것이 나중에 방송에서 코멘트를 쓰는데 도움이 되었다.

당신도 무언가를 쓸 때 도저히 다음 말이 생각나지 않는 경우가 있을 것이다. 이럴 때 책을 펴서 뭔가 좋은 표현이 없을까 찾아본 적이 있을 것이다.

방송용 코멘트를 쓰다가 막히면 취재 노트에서 적절한 표현을 찾는다. 한 가지 문제에 관해서 취재한 것이기 때문에 노트에 쓰인 모든 표현이 그 문제와 관련이 있다. 틀림없이 '이것이다.'라는 표현을 찾아낼 수 있을 것이다.

메모를 하면 잘 들린다

메모를 하면서 사람의 말을 들으면 나중에 말을 다시 확인할 수 있을 뿐만 아니라 예상치 못한 효과를 얻을 수 있다.

메모의 효과란 먼저 말을 집중해서 들을 수가 있다는 것이다. 메모를 하려고 하면 상대방의 이야기를 한 마디도 놓치지 않으려고 상대방의 말에 집중한다. 만약 장시간에 걸친 이야기일지라도 메모를 하고 있으면 한눈을 팔지 않고 들을 수 있다. 이야기가 끝나면 상대방의 말 이외에는 아무것도 생각나지 않는다는 것을 알 수 있다.

메모를 할 때와 하지 않을 때의 듣는 자세를 확인해 보기 바란다. 단 이때 메모를 하는 것에 열중한 나머지 메모지만을 보고 있어서는 안 된다. 상대의 표정이나 몸짓, 손짓에도 주의하면서 될 수 있으면 상대방을 보는 것을 잊지 말아야 한다.

두 번째는 자신의 머릿속을 백지상태로 해서 들어야 한다. 이야기를 듣고 있으면 잡념이 들기 쉽다고 했다. 메모를 하고 있으면 말을 듣는 것에 집중하기 때문에 잡념이 들 시간도 없다.

세 번째는 이야기 중의 의문점이나 모순점을 발견할 수가 있다. 메모를 하지 않고 듣고 있으면 '어, 무슨 말을 하고 있는 거지.', '앞의 말과 모순이 아닌가.'라고 막연히 생각한다. 하지만 물어볼 만큼 자신감이 없어서 그대로 넘어가는 경우가 있다. 메모를 하고 있으면 곧 확인할 수 있기 때문에 그 자리에서 의문점이나 모순점을 물어볼 수가 있다.

메모는 이처럼 여러 가지 이점이 있다. 확실히 귀찮기도 한다.

그러나 귀찮다고 해서 메모를 하지 않고 듣고 있으면 중요한 말을 놓쳐버리는 결과를 초래한다.

특히 그 분야에서만 통용되는 단어나 표현은 메모를 해두지 않으면 이해할 수 없다. 전문용어가 많이 나올 것을 예상할수록 메모의 준비는 잊으면 안 된다. 항상 노트나 메모지를 가지고 다니는 습관을 익혀두면 더욱 좋다.

메모는
제목과 정리하며 듣자

제목을 붙이자

상대방의, 말의 연결 흐름을 알았다면 그때까지 들은 이야기에 제목을 붙여두면 나중에 정리할 때 편리하다. 여유가 있으면 대제목뿐 아니라 소제목까지 붙여두면 좋다.

말을 잘하고 익숙한 사람의 말은 말 그 자체에 제목이 붙여져 있는 경우가 있다.

나는 요즘 젊은이들이 사용하는 단어의 특징을 세 가지 관점에서 보고 있다.

첫 번째는 자기중심적이고 자기방어적이라는 것입니다. 그것은······.
두 번째는 약어가 많다는 것입니다. 그것은······.
세 번째는 사용하는 어휘가 적다는 것입니다. 그것은······.

이와 같이 말해 주면 제목은 순서대로 붙일 수 있다. '요즘 젊은이들 단어의 특징'이 대제목이고 '1. 자기중심적, 자기방위적', '2. 약어가 많다', '3. 어휘가 적다'가 각각 소제목이다. 말의 순서대로 메모를 적으면 논리 정연한 메모가 되는 것이다.

그런데 우리에게 말을 하고 있는 사람들 모두가 말을 잘하지는 않는다. 말에 통일성이 없거나, 옆길로 새는 경우가 많다.

메모를 하면서 듣는 사람이 정리해야 하기 때문에 제목이 필요한 것이다.

이야기의 한 단락이 끝났다고 생각하면 잠깐 되돌아가서 제목을 붙여두어야 한다. 이를 위해 행을 사전에 비워두고 나중에 첨가해서 쓸 수 있도록 하면 좋겠다.

메모에는 법칙이 없다. 자신을 위한 것이기 때문에 당신이 적고 싶은 방식대로 적절한 메모법을 찾아보면 되는 것이다.

주제로부터의 탈선에 주의

이야기가 주제에서 벗어나는 경우는 자주 있는 일이다.

나이 드신 분들 중에 이야기가 탈선하여 돌아오지 않는 경우가 있지만, 대부분은 도중에 자각하고 반드시 본론에 돌아오기 때문에 참고 기다리며 메모를 해야 한다.

본론에서 벗어난 이야기 중에는 의외로 재미있는 것이 많기 때문에 신경을 뺏기기 쉽다. 그러나 주제를 잊지 않도록 해야 한다.

주제와 상관없는 이야기라는 것을 깨달으면 그 부분에 선을 그려 '탈'이나 '무관'이라고 써두면 나중에 구분할 수 있다.

또 말하는 사람이 단정적으로 말했는지, 애매한 표현을 사용했는지 덧붙여 두어야만 한다.

'~입니다.'라고 말했다면 단정한 것이 되고, '~라고 생각합니다.'라고 말했다면 추측이다. 단정인지 추측인지는 복잡하고 미묘한 것일수록 그 구분은 대단히 중요하다.

'~라고 생각합니다.'라는 표현을 연발하는 사람도 있기 때문에 입버릇에도 주의해야 한다. 그럴 때에는 전후의 관계를 짚어보고 추측인지, 중요한 부분은 나중에 질문을 해야 한다.

'~지만, ~인데'가 반복되어 이야기의 단락을 구분하기 어려운 사람도 있다.

이럴 때에는 물음표를 붙여두면 나중에 질문을 할 때 도움이 된다. 말을 듣기 위해 인내심이 필요하듯이 메모에도 인내심이 요구된다.

| 연습 과제 |

❶ 강연의 녹음테이프를 듣고 어느 정도 들을 수 있었는지 시험해 보자.
❷ 낭독 녹음테이프를 듣고 내용을 3분 안에 요약해서 말해 보자.
❸ 라디오 뉴스를 듣고 내용을 메모하고, 직후에 방송되는 TV 뉴스에서 확인해 보자.

〈해설〉

- 과제1은 실제로 강연회에 가서 듣는 것이 바람직하지만 기회가 없으면 시판되는 것을 들어도 좋다. 녹음테이프가 있는 도서관을 이용하는 것도 좋을 것이다. 이것은 장시간 동안 이야기를 듣는 훈련이다. 강연은 1시간에서 2시간 강연이 보통이다. 듣기 전에 반드시 주제를 확인한 뒤, 그 주제를 염두에 두면서 들어야 한다. 주제를 잊어버리면 강연의 내용을 이해할 수 없다. 물론 메모를 하면서 들어야 한다.

- 과제2는 쓰기에 사용되는 단어를 듣는 연습이다. 대화와 달라서 쓰기 단어는 귀에 익숙하지 않은 단어도 나오기 때문에 신중하게

들어야 한다. 라디오 방송의 낭독프로를 이용하면 될 것이다. 몇 번으로 나누어 방송되는 경우는 1회분으로도 괜찮다. 자신 있는 사람은 녹음하여 반복해서 들어본다. 요약은 미리 쓰고 나서 말을 해도 괜찮다.

- 과제3은 조금 복잡한 뉴스를 선택한다. 정치문제나 외교문제가 좋을 것이다. 요즘 방송은 라디오나 TV나 거의 같은 원고로 방송하기 때문에 비교적 큰 뉴스라면 라디오 뉴스의 다음에 TV 뉴스에서 같은 뉴스가 방송된다.

메모를 잘 적었는지 어떤지를 확인하면 된다.

4장
대응력을
향상시켜야한다

'짐작'과 '선입관'을 배제하자

성급한 판단이 오해의 원인

누군가가 '저 사람은 성급한 사람이다.' 하고 말하는 것을 그대로 믿고 그 사람을 대하면 의외로 냉정하고 신중하게 대했던 경험은 없는가?

우리들은 그럴듯한 말을 들으면 성급히 판단하고 확인도 하지 않고 믿어버리는 경우가 있다.

선입관으로 사람을 판단해 버리면 그 사람과 이야기를 해야만 할 때 솔직하게 대화할 수가 없다. 가슴속 한구석의 꺼림칙함 때문에 말투나 태도도 어색해진다.

우리들은 다른 사람의 흉을 보거나 평가를 내리는 것을 좋아한다. 2~3명이 소곤소곤 이야기하고 있는 것을 보면 신경이 쓰인다. 회사 동료와 회식 자리에서 상사의 험담이나 후배의 무례함 등을 안주로, 술을 마시는 경우가 많지는 않은가?

타인의 흉을 보는 것은 어느 정도는 할 수 있다. 하지만 그 사람에 대해 잘 모르면서 그 사람을 성급하게 판단하면 선입관이 되어버린다.

선입관을 가지고 사람을 대하면 선입관에 집착해서 본래의 듣는 능력이 떨어지는 경우가 많다. 더욱이 상대는 그런 당신의 태도를 곧 알아차리기 때문에 당신과 말하고 싶어 하는 마음도 사라져버릴 것이다.

'원래 사장은 이러해야 하는데 우리 회사 사장은……'과 같은 말을 자주 한다. 이 '사장은 이러해야 한다.'라는 것도 선입관이다. '외국인이 우리나라에 대해 말할 때는 우리나라를 비판하기 마련이다.'라는 것도 선입관이다.

앞서 예를 든, 독일인 유학생의 웅변대회 이야기이다.

우리나라와 독일의 차이점을, 찹쌀떡과 바우므쿠헨을 비교하면서 말하는 것을 듣고 많은 학생이 찹쌀떡은 이러이러하다, 바우므쿠헨은 이러이러하다 하고 설명한 것뿐인데 '바우므쿠헨이 찹쌀떡보다 좋다.'라고 이해하는 것도 '외국인은 우리나라를 비판한다.'라는 선입관이 작용하고 있기 때문이다.

선입관을 갖지 않는 것은 어려운 일이기 때문에 사람을 대할 때는 적어도 선입관에 빠지지 않으려는 노력을 해야 한다.

말을 들을 때에도 선입관을 버리고 백지상태에서 들어야만 한다.

선입관을 가지고 대화를 하면 상대방의 의도와는 다른 잘못된 대응을 하게 될지도 모른다.

지레짐작에 주의

대화를 할 때에 지레짐작은 금물이다. 말의 처음 부분만 듣고는 반응을 하는 사람이 있다. 이런 사람은 사람의 말을 도중에 가로채는 사람이다. 머리 회전은 빠를지 모르지만 지레짐작으로 상대 이야기의 의도와는 다른 방향으로 말끝을 돌리면 누구라도 기분이 상할 것이다.

일상의 잡담에서는 말이 어디로 흘러가든 별 상관이 없다. 그러나 퍼블릭 스피킹 장소에서는 허용되지 않는다. 서로가 무언가 배우고 도움이 될 만한 것을 얻으려고 하기 때문이다.

대화에 있어서 모든 사람이 주도권을 쥐고 싶어 할 것이다. 가능하면 대화의 중심에 있고 싶어 하는 것도 인지상정이다. 특히 '말하는 것을 좋아하는 사람'에게 이런 경향이 강하게 나타난다. 하지만 이럴 때가 인내해야 할 때이다.

말을 다 들으면 5초 정도 기다려야 한다. 그리고 천천히 말을 시작해야 한다. 잠깐 동안 참는 것이 원활한 커뮤니케이션을 이끌어갈 수 있는 비결이다. 지레짐작을 해서 득이 될 것은 하나도 없다. 지레짐작은 피해야 한다.

다음 질문은 상대의 말 속에서 찾아라

이야기 도중에 질문은 생각하지 마라

둘이서 말하고 있을 때, 상대가 말을 하고 있는데 다음 질문을 생각하고 있지는 않는가? 상대가 말을 끝내고 곧바로 질문을 하지 않으면 침묵의 시간이 생기는 것을 두려워하기 때문이다. 그런데 다음 질문은 상대방의 말 속에 있다. 질문을 하고 싶으면 상대방의 말을 끝까지 들어야만 한다.

상대의 말을 집중해서 듣고 있으면 상대가 무슨 말을 하고 싶어 하는지를 알 수 있다.

잘 듣지 않으면 말의 흐름을 잘라버리는 결과를 초래한다. 인터뷰할 때를 생각해 보자.

A 씨는 사보의 취재에서 사장에게 인터뷰를 하게 됐다. 사전에 질의서를 준비하고 사장을 만났다. 지금까지 사장은 근접할 수 없는 존재로 얼굴을 맞대고 이야기를 하는 것은 처음이다. A 씨는 '실례가 되는 말을 하면 큰일이다. 실수는 하지 않을까.' 하고 긴장을 하고 있다. 인터뷰가 시작됐다.

A : "오늘은 사장님의 취미에 대해서 여쭤보려고 합니다. 사장님의 취미는 그림을 그리시는 거라고 알고 있는데, 왜 그림을 취미로 삼았습니까?"

사장 : "초등학교 때부터 그림을 그리는 것을 좋아했지만 미술성적은 그다지 좋지 않았습니다. 자신의 생각을 그림으로 나타내는 것이기 때문에 선생님에게 칭찬을 듣고 싶었던 것 같습니다. 중학교 때도 마찬가지로 그림에 자신이 없었습니다. 고등학교 1학년 때 고호의 전시회에 가서 자기 나름대로 그림을 그려도 괜찮다는 확신을 얻었습니다. 이것이 그림이 취미가 된 계기입니다."

A : "그림을 그리는 게 즐겁습니까?"

A 씨의 두 번째 질문은 적절하지 않다. 사장이 '고호의 전람회에 가서 자기 나름대로 그림을 그려도 된다는 확신을 얻었다.'라고 말했는데 이것을 무시하고 있는 것이다. A 씨는 말의 흐름을 끊어버린 것이다. 왜 이런 질문을 한 것일까.

사전에 준비된 질문에 얽매였기 때문이다. 어쨌든 A 씨는 다음 질문만을 생각해서 사장이 말하고 있을 때 사장의 말을 듣고 있지 않았던 것이다. 사장은 A 씨가 다음에 고호에 관해 물어볼 것이라고 생각해서 '계기였습니다.'에서 말을 마쳤던 것이다. A 씨는 중요한 포인트를 듣지 못했던 것이다.

사장의 말을 잘 듣고 있으면 다음 질문은 '고호의 그림을 보고 왜 자기 나름대로 그림을 그려도 되었을까 라는 확신을 얻었는가.'가 될 것이다. 이렇게 질문을 하면 사장은 고호의 그림을 처음 보았을 때의 감상을 떠올리며 진지하게 대답을 했을 것이다.

또한 만약 A 씨가 이것저것 묻지 않고 그 뒤의 인터뷰 주제를 이 점에 초점을 맞추어 가면 독자들에게도 대단히 흥미를 끌 것이며, 사장의 인품이 사원들에게 잘 전달되었을 것이다.

사전준비는 철저히

A 씨는 사전에 질문항목을 정해 놓았지만, 상식적으로 생각할 수 있는 것만을 골랐을 것이다. 하지만 사람의 생각이나 사고는 다른 사람의 상식으로는 헤아릴 수 없는 부분이 많다. 사람의 생각이나 사고를 들을 때, 그 사람만의 독특한 생각이나 가치관이 표현되면 듣는 사람의 흥미는 한층 깊어진다.

이 때문이라도 사전 인터뷰 준비는 꼼꼼히 해둘 필요가 있다. 이 경우, 항상 사장과 대화를 하고 있는 부장이나 비서에게 미리 사전취재를 했더라면 고호의 이야기를 들을 수 있었을 것이다. 사장이 바쁘지 않다면 직접 전화로 물어보는 것도 좋을 것이다. 다양한 수단을 이용해서 사전준비를 하면 이처럼 엉뚱한 질문은 하지 않았을 것이다.

인터뷰할 때만이 아니다. 사람을 만나기 전에 그 사람과의 대화에서 중심이 될 만한 주제에 관해 될 수 있으면 조사해 두어야 한다. 임기응변식으로 어떻게 되겠지 라는 생각은 금물이다. 대응력의 키포인트는 사전준비를 얼마나 잘 하는가에 달려 있다.

무엇을 묻고 있는가
─ 질문의 요지를 주의 깊게 파악한다

주의 깊게 질문을 듣자

당신은 질문을 받고서 상대가 무엇을 묻고 있는지 잘 몰랐던 경험이 있을 것이다. 말을 잘하는 사람만 있는 것이 아니기 때문에 취지를 이해할 수 없는 질문을 자주 받고는 한다.

> "김 군, A사에 갔다 왔지? 성과는 있었는지 묻고 싶지만, 신입인 자네에게 성과를 기대하는 것도 무리지만, 연수는 받고 있으니, 연수는 도움이 되었나? 어쨌든 결과를 말해 보게."

신입사원이 첫 번째로 맡은 업무로 외근을 하고 회사에 돌아와서 상사에게서 받은 질문이다. 무엇을 묻고 싶은지 이해하기 어려운 질문이다. A사에서의 성과를 묻고 싶은 것인지, 연수가 도움이 되었는지를 묻는 것인지, 둘 다를 묻고 있는 것인지 알 수가 없다.

이런 질문을 받으면 곤란할 것이다. 하물며 신입사원으로 상사 앞에서 긴장도 될 것이다. 당신이라면 어떻게 하겠는가?

이럴 때 '아마 연수가 도움이 되고 있는지 어떤지를 묻고 있는 것 같다.'고 자기 마음대로 해석해서 대답하는 경우가 있다.

만약 이것이 적절한 대답이 아니라면 질문을 한 사람보다 대답한 사람의 책임이 된다.

'사실은 질문의 취지를 이해하지 못했습니다.'라고 나중에 말해도 이것은 변명밖에 되지 않는다.

듣는 사람이 주의 깊게 질문의 취지를 이해하며 들어야만 한다. 이 질문의 경우는 연수의 이야기가 덧붙여져서 취지가 잘 보이지 않는 것이며, A사에서의 성과를 듣고 싶어 하는 것이다. 거기까지 잘 구분하는 것이 필요하다.

곤란할 때의 대응법

질문을 잘 듣고 대화를 하고 있는 장소의 상황이나 중심 화제를 이해하면 어느 정도 판단은 서게 마련이다. 그렇지만 도저히 알 수 없을 때의 대처방법으로 아래와 같이 생각할 수 있다.

첫 번째는 다시 물어보는 것이다. 단, 자주 되물어보는 것은 실례가 된다. 매번 되묻지 말고 두세 번에 한 번 비율로 되물어보는 것이 좋다. 그럴 때에도 질문은 열심히 들어주어야 한다. 듣고 있는 태도를 상대에게 표현하는 것도 잊지 말아야 한다.

두 번째는 '당신의 질문은 이렇게 이해했는데 이대로 대답해도 괜찮겠습니까?' 하고 질문의 취지를 확인하고 대답하는 것이다. 앞에서의 예라면 'A사에서의 성과를 말씀드릴까요, 연수에 대해 말씀드릴까요.' 하고 확인하면 되는 것이다.

이런 것으로 기분이 상하는 사람은 없을 것이다.

되물어본다는 것은 '당신의 질문은 이해하기 어렵다.'는 것의 완곡한 표현이기 때문에 다음 질문이 알기 쉽게 바뀔지도 모른다.

질문은 구체적이고 알기 쉽게

취지를 파악하기 어려운 질문을 받으면 곤란해진다. 반대로 당신이 질문을 하는 입장일 때 '무엇을 묻고 싶은지' 확실히 하지 않고 질문을 하면 상대방도 대답하기 어려워 당황할 것이다.

먼저 '무엇을 묻고 싶은가'를 확실히 결정해야 한다. 그 다음 어떤 것부터 질문을 하면 좋을까를 생각한다.

그리고 질문은 구체적으로 해야 한다. 답변에 몇 개의 선택지가 있으면 대답하는 쪽은 무엇을 어떻게 대답하면 좋을까 하고 혼란스러울 것이다. 몇 개의 대답이 가능한 질문과 무엇을 묻고 싶은가가 명확한 질문의 예이다.

① 당신이 좋아하는 것은 무엇입니까?
② 외국에서 귀국한 현재의 기분은 어떻습니까?
③ A사에 갔다고 하는데 어땠습니까?
④ 당신은 철도에 관심이 많다고 하는데 차량에 흥미가 있습니까, 타는 것을 좋아합니까?
⑤ 이탈리아 여행에서 밀라노에는 가봤습니까?
⑥ A사에서 우리 신제품에 어떤 주문을 하지는 않았습니까?

①은 답변에 대한 선택지가 너무 많은 질문이다. '좋아하는 것'이라고 해도 먹는 것인지, 취미인지, 애용하는 것인지 확실치 않다.

  ②도 어떻게 대답하면 좋을지 혼란스러운 질문이란 것을 바로 알 수 있다.

  ③은 논외이다. 무엇을 어떻게 대답하면 좋을까. 이처럼 열거해 보면 이상한 질문이란 것을 곧 알 수 있지만, 실제의 대화에서는 자주 사용되는 질문이다. 이와 같은 질문을 하는 사람은 '무엇을 묻고 싶은 걸까.'를 생각하지 않고 상대방의 대답으로 말을 전개해 가려고 하고 있다. 상대의 대답에 의지한 질문이라고 해도 과언이 아니다. 질문하는 쪽의 목적의식도 주체성도 없는 무책임한 질문이다. 이와 같은 질문은 절대로 하면 안 된다.

  ④~⑥의 대답은 하나이다. 질문하는 사람이 '무엇을 묻고 싶은지' 명확하게 알 수 있다. 구체적으로 알기 쉽게 질문하면 상대는 구체적으로 대답할 것이다. 대답이 한 가지인 질문을 하도록 노력해야 한다.

상대의 기분을 상하게 하는 질문

  또 부주의한 질문이 상대방에게 상처를 입히는 결과도 있기 때문에 주의가 필요하다.

　오래전 말레이시아 항공기가 추락해서 탑승객 298명 전원이 사망했다. 추락이 확인된 직후, 한 TV 방송국의 리포터가 유가족들에게 마이크를 들이대고 '지금의 심경은?' 하고 물었다.

　나는 TV를 보며 속에서 화가 치밀지 않을 수 없었다. 이미 절망적인 상태에 있는 유가족들의 심경은 묻지 않아도 알 수 있다. 그것을 말하라고 물어보는 리포터의 무신경함에 분노를 느꼈던 것이다. 다른 방송국의 일이라지만 아직까지 화가 치미는 것은 어쩔 수 없다.

　물어보는 쪽은 아무 생각 없이 질문을 했을지 모르지만 그런 질문을 당한 가족은 마음에 상처를 받았을 것이다.

　상황을 고려하는 것은 무엇보다도 중요한 일이다. 부주의한 질문이 사람에게 상처를 주는 경우가 있다는 것을 명심해야 한다.

대화의 분위기는 '장단'에 달려 있다

적절한 '장단 맞추기'는 효과적

적절히 장단을 잘 맞추는 사람이 있다. 이런 사람과 대화를 하고 있으면 자신도 모르게 말하지 않아도 되는 것까지 말해 버리는 경우가 있다. 장단도 잘 들어주는 사람의 필수조건인 것 같다. 당신도 의식해서 장단을 맞춰주도록 노력해야 한다.

적절히 장단을 맞춰주기 위해서는 상대방의 말을 잘 듣고 있지 않으면 안 된다. 어중간한 장단은 말하는 사람에게 '이 사람은 내 말을 들으려고 하지 않는다.'라는 느낌을 주어서 말할 의욕을 꺾어버린다.

'아, 예~', '그렇습니까?', '그래, 그래', '과연' 등은 상대방의 말에 동의를 표하는 장단이고, '그래서?', '그런데?', '뭘~' 등은 상대방의 말을 재촉하는 장단이다. 이런 장단은 대화를 원활히 진행시켜 주는 것이다.

잘 나가던 배우였던 A씨를 만났을 때의 일이다. 인터뷰의 사전협의 자리에서 낭독에 관한 이야기를 했다. 대화가 깊어질수록 그가 생각하는 낭독과 우리 아나운서들이 생각하는 낭독에 미묘한 차이가 있는 것을 알았다. 우리들은 담담하게 전달하는 것을 염두에 두고 있는 것에 비해 그는 연기하듯 하지 않으면 듣는 사람이 재미없다고 생각하고 있었다.

이 생각의 차이는 논외로 하더라도 말을 할 때 내 이야기를 듣는 그의 장단 맞추기는 최고였다. '이런 말을 해도 실례가 안 될까.'를 생각하며 말하고 있으면 미묘한 타이밍에서 동의하며 장단을 쳐주는 것이었다. 대배우 앞에서 긴장하고 있던 나는 안심하고 당당하게 생각하고 있는 것을 말할 수가 있었다.

그로부터 다시 한 번 장단 맞추기의 중요함을 배우게 되었던 것이다. 장단 하나로 말하는 사람의 기분을 바꿀 수도 있는 것이다.

눈과 표정으로도 '장단'을 맞출 수 있다

말을 하지 않고도 눈이나 표정, 고개를 끄덕이는 것만으로도 장단을 맞출 수 있다. 눈을 크게 뜨거나, 눈을 감거나, 웃음으로 반응하거나, 심각한 표정을 짓거나, 크게 고개를 끄덕이거나, 고개를 갸우뚱하거나 이 모든 것이 장단을 맞추는 것이다. 이것은 듣는 사람의 넌버벌 커뮤니케이션이다.

TV 뉴스나 특집프로에서 인터뷰에 답하는 사람의 말이 방송된다. 당신은 이 대목을 주의 깊게 살펴볼 필요가 있다.

마이크를 향해 인터뷰를 하고 있는 사람의 장단은 거의 들리지 않는다. 이것은 인터뷰하는 사람이 의식해서 말을 하지 않고 눈이나 표정, 고개를 끄덕거리는 것으로 장단을 맞추고 있기 때문이다.

신입 아나운서가 인터뷰를 끝내고 돌아와서 녹음한 것을 편집하려다 놀라는 경우가 있다. 인터뷰한 사람이 말하는 도중에 자신이 장단을 맞춘 목소리가 곳곳에 들리기 때문이다. 말의 일부를 삭제하려고 해도 장단을 맞춘 것이 방해가 되어서 자연스러운 편집을 할 수가 없는 것이다.

아나운서라면 한 번은 경험하는 실수이다. 이 실수를 반복하지 않기 위해 장단은 말이 없이 맞추게 되는 것이다. 눈이나 표정, 고개의 끄덕거림으로 장단을 맞추는 것이다. 처음에는 어색하지만 점차로 익숙해진다. 말을 하지 않아도 충분히 장단을 칠 수 있다는 것을 기억해 두어야 한다.

지나친 '장단'은 역효과를 초래한다

장단만 맞추면 되는가 하면 그것도 아니다.

너무 자주 장단을 맞추면 '이 사람은 정말로 내 이야기를 듣고 있는 걸까.' 하는 생각이 들기도 한다. 적재적소에 장단을 맞추도록 주의해야 한다.

얼마 전 대담형식의 강연회에 갔었다.

참석자 모두 유명한 의학자와 종교가로 '가치관이 희박한 사람들에 관한 대담'이었다.

대담은 알차고 설득력이 있는 내용들이었지만 객석은 때때로 술렁거렸다. 실은 몇 번인가 불안했다.

불안함의 원인은 한 쪽이 말을 하고 있을 때 다른 한 쪽의 장단이 너무 심했기 때문이다.

극단적으로 말하면 한 마디 한 마디에 장단을 맞추고 있는 듯이 들렸다. 불안해하는 것은 내가 아나운서였기 때문이라고 생각했다.

그런데 동행한 친구가 대담 후에 밖으로 나와서는 제일 먼저 하는 말이 "두 사람 모두 왜 그렇게 장단을 맞춘 걸까." 하는 것이었다.

객석의 모든 사람이 똑같이 느꼈던 것이다.

계속 반복되는 장단 맞추기가 술렁거림의 원인이었다. 아무리 좋은 내용의 대담도 너무 심한 장단 맞추기가 방해가 된 것이다.

너무 심한 장단 맞추기는 오히려 역효과를 초래한다.

말하는 사람의 기분을 상하게 하지 않는 범위 내에서 장단을 맞추는 주의가 필요하다.

상대의 감정을
상하게 하지 않기 위해서는
무엇을 해야 하는가

대화의 흐름을 살려라

 회의나 몇 명이 모여서 말하는 경우, 말의 흐름을 중요하게 여겨야 한다. 말이 두서없이 왔다 갔다 하면 좀처럼 정리되지 않는다. 회의나 대화는 자주 강물의 흐름에 비교된다. 말의 실마리인 원류에서 결론인 하구까지 강물이 흐르듯이 말도 자연스럽게 흘러가는 것이 이상적이다.

 하지만 강물은 흐르는 도중에 거대한 바위에 부딪히거나 지류로 나뉘는 경우도 있다. 이와 똑같이 대화(말)도 도중에 제자리를 맴돌거나 논지와 상관없는 방향으로 흘러가기도 한다. 이렇게 되면 무엇을 위해 회의를 하고 대화를 하는지 잊어버리는 경우가 있다. 아무 보람 없이 시간을 허비하게 되는 것이다.

말의 흐름을 잃지 않기 위해 참가자들이 서로 협력하는 마음가짐을 가져야 한다. 이를 위해서는 발언자의 말을 마지막까지 주의 깊게 듣는 것과, 항상 말의 흐름을 의식하고 확인하는 것을 게을리 하지 말아야 한다.

발언자의 발언 취지가 파악되지 않으면 자신이 이해할 수 있을 때까지 물어보아야 한다. 회의나 대화의 장소라면 납득할 때까지 물어보아도 문제는 되지 않는다.

그리고 항상 말의 흐름을 의식하고 발언을 할 때에는 자신이 지금부터 발언하려는 내용이 말의 흐름에 맞는 것인지, 말을 하기 전에 확인할 필요가 있다. 한 가지 생각이 머리에 떠올라도 바로 발언하지 말고, 말의 흐름에서 벗어난 것이 아닌지, 흐름을 거스르는 것은 아닌지 확인하고 나서 발언하도록 해야 한다.

우선 동의하자

말의 흐름을 저해하지 않기 위해서는 먼저 다른 사람의 발언을 받아들여야 한다.

'이 의견은 이상하다.', '이 의견에는 동의할 수 없다.', '반대다.'라고 생각해도 바로 반론하지 말고 한 번쯤은 동의하는 자세를 보여야 한다.

당신이 발언자의 입장에 서보면 잘 알 수 있는 일이다. 당신의 발언 도중이나 말이 끝난 직후에 당신의 발언을 부정하는 의견을 들으면 그다지 좋은 기분이 들지는 않을 것이다. 때로는 감정이 격앙되어 심한 의견대립이 생길지도 모른다.

예를 들어 사람이 많은 회의장에서 두 사람이 감정적으로 대립하면 다른 참가자들은 당혹스럽다. 두 사람의 감정이 진정될 때까지 기다리는 수밖에 없다. 회의는 진행되지 않고 답보상태에 놓이게 된다.

사회자가 중재해서 의사진행을 해도 한번 감정적으로 변한 회의장의 분위기는 좀처럼 원래대로 돌아오지 않는다. 자신의 의견을 부정당하면 곧 감정적이 되는 사람이 의외로 많다. 가능하면 감정적이 되지 않도록 가볍게 자극하지 말아야 한다.

이런 때 시도해볼 만한 것이 '우선 동의'하는 것이다. 아무리 반론하고 싶어도 말하는 중간이나 말이 끝난 직후에 하지 말고 한 번쯤은 동의하자. 동의하는 것으로 발언자는 '자신의 의견을 들어주었다.'라는 안심감이 생기기 때문에 감정적으로 되지 않는다.

의견을 받아들인 후에 조금 시간을 두고 반론할 것이 있으면 반론하면 된다. 이렇게 하면 상대의 마음을 상하게 하지 않는 것이다.

찬성을 할 때에도 '시간, 호흡'이 중요하다. 참가자 전원이 시간을 두고 회의를 진행하면 강물이 완만하게 흐르듯이 유연하게 논의가 진행된다.

'들으려는 자세'와 '대화할 준비'

상대의 의견을 경청하려는 마음가짐

서로 대화하는 것은 서로 말을 하는 것이라기보다 서로 말을 들어주는 것임을 염두에 두어야 한다. 자신의 의견을 말하는 타이밍만을 생각해서 다른 사람의 발언을 주의 깊게 듣지 않으면 대화의 흐름에 동참할 수 없다.

서로 대화하는 자리에서는 '의견을 말한다.'는 마음보다 '의견을 듣는다.'는 마음가짐을 가져야 한다.

당신은 대화의 자리에서 자신의 흥미나 관심만을 장황하게 늘어놓지는 않는가. 그럴 때 다른 참가자들은 난감한 표정을 짓고 있었을 것이다. 그리고 당신의 말을 듣지 않은 채 '빨리 마무리 짓지 않나.', '적당히 하지.'라고 생각하지 않았을까. 혹시 그것이 아무리 좋은 의견일지라도 혼자만의 아집이라면 아무도 받아주지 않을 것이다.

대화의 흐름을 거스르지 않도록 다른 사람의 의견을 주의 깊게 들어야 한다. 그리고 그 발언이 자신의 생각과 어디가 다르고 어디가 같은지를 냉정하게 판단하면서 들어야 한다. 게다가 전체의 발언에서 지금 어떤 논점에 대화가 집중되고 있는지를 파악하고 어떻게 발전해 나갈 것인지를 예상하면서 들어야 한다.

이처럼 주의 깊게 들으면서 대화에 참가하고 있으면 발언을 하기 쉽고, 사회자가 논점의 어느 부분에 대해 발언을 듣고 싶어 하는지 파악하고 대응할 수 있다.

준비는 철저히

아무런 준비도 없이 회의나 대화에 참가하면 논점을 파악하기 어려워 자신의 의사를 어떤 방향으로 진전시켜야 할지 모르는 경우가 있다.

회의나 대화에는 반드시 테마가 있다. 그 테마에 관해서 사전에 시간이 허용되는 한 조사하고 준비해 두어야 한다. 사전준비가 철저하면 그 테마에 관해 지금 어떤 것이 문제가 되고 있는지 미리 파악할 수가 있는 것이다. 테마에 관한 발언이나 의견을 어떤 방향으로 진전시켜야 하는지 어느 정도 알 수가 있는 것이다.

또한 사전준비를 해두면 테마에 관해서 생각할 수 있는 요소는 어느 정도 파악하고 있기 때문에 다른 참가자의 발언도 이해하기 쉬워진다. 그 위에 논의의 방향성을 예측할 수 있기 때문에 대화의 흐름도 잘 보이게 된다.

그러면 어떤 준비를 하면 좋을까. '테마에 관한 것이라면 무엇이나 조사한다.'고 해도 한계가 있다. 따라서 '테마에 관해 지금 무엇이 요구되며, 문제점은 무엇인가.'라는 시점에서 준비를 해야 한다. 만약 가전제품 회사에서 3일 후의 회의의 테마가 '액정 TV 신제품에 대한 관점'이라고 가정해 보자.

<현 시점에서 요구되는 것>— 어린 아이들이 있는 가정에서 액정 TV는 깨지기 쉬운 단점으로 개선이 요구됨.
① 판매점으로부터 의견
② 고객센터에 상담한 고객의 소리
③ 타사의 동향

〈문제점〉— 얇은 TV를 전면에 내세웠지만 역효과는 아닌가.
① 영업상의 관점
② 기술상의 관점

　이와 같이 우선 '지금 요구되는 것은 무엇인가.'를 판매점이나 고객으로부터의 소리를 파악하고 타사의 동향을 조사한다. 아이가 만져도 안정감 있도록 받침대를 크게 해야 하지만 영업부와 기술부의 의견을 고려해서 종합적으로 조사해 둔다. 이 정도 일이라면 근무 중에 짬을 내서라도 3일 정도면 조사할 수 있을 것이다.
　이처럼 준비를 하고 회의에 참가하면 회의의 흐름을 파악하기 쉽고 다른 사람의 발언도 이해하기 쉬워진다.
　두서없이 준비하는 것이 아니라 정리해서 준비를 해야 한다. 회의를 소집하는 사람이 참가자에게 준비를 의무화하는 것도 좋을 것이다. 참가자 전원이 이와 같이 준비를 하고 회의에 참가하면 회의는 막힘없이 진행되기 때문에 쓸데없는 시간을 허비하지 않고 단시간에 회의를 끝낼 수가 있다.
　최근에는 회의시간을 1시간이나 50분으로 정하는 회사도 있다.
　참가자가 생각을 정리하지 않고 회의에 참가하면 1시간 이내에 결론을 내는 것은 무리이다. 쓸데없는 시간을 제거하기 위해 준비는 절대로 필요한 것이다.

찬성·반대 의견표시는
반드시 이유를 말한다

이유 없는 찬성 · 반대는 무책임

회의나 대화의 자리에서 찬성인지 반대인지 의견을 물어야 할 때, '찬성입니다.', '반대입니다.'라는 말만 하고 그 이유는 말하지 않는 사람이 의외로 많다. 찬성 또는 반대라는 의사표시를 말할 때에는 그 이유가 있기 마련이다. 이유를 말하지 않는 의견은 아무 소용이 없다.

어떤 회사에서 실제의 회의를 방청하고 회의의 진행방법에 관해 조언을 해달라고 부탁을 받은 적이 있다. 회의시간이 너무 길어지는 것에 의문을 가진 사장의 의뢰였다. 20명 정도의 회의였다. 회의가 끝나고 사회자의 진행방법을 중심으로 내 감상을 말했다. 그런데 또 하나의 문제점은 회의 중에 이유는 말하지 않고 찬성과 반대만을 말하는 사람이 세 명 있었다.

나중에 열린 간담회에서 그 세 사람에게 자연스럽게 물어보았다. 세 명 모두 회의의 흐름을 파악하지 못하고 있었다. 회의의 내용이나 흐름을 주의 깊게 듣지 않았던 것이다. 그러고 보면 세 명 모두 찬·반을 물어보았을 때만 발언을 했다. 다른 사람의 의견을 제대로 듣지 않고 한눈을 팔고 있었던 것이다.

이래서는 의견을 말하라고 해도 제대로 말할 수 없는 것은 당연한 것이다. 이 회의에서 사회자는 세 명에게 이유를 묻지 않았지만 만약 물었다면 어떻게 되었을까. '찬성하기 때문에 찬성입니다.', '반대하기 때문에 반대입니다.'라고 말했을까.

이것은 정말 무책임한 말이다. 참가자 전원에게도 실례이다. 이유를 말할 수 없다면 찬성이나 반대의견을 하지 말고 '잘 모르겠습니다.'라고 말하는 편이 차라리 나았을 것이다.

회의나 대화의 자리에서는 다른 사람의 의견을 잘 듣고 그 흐름을 파악하고 있어야 한다. 이것이 대화의 룰이다. 다른 사람의 의견을 들으면서 '이것은 동의한다.', '이건 좀 아니다.'라고 생각할 수 있어야 한다. 이처럼 생각하면서 말을 듣고 있으면 찬성과 반대의 이유를 끌어낼 수 있을 것이다.

더욱이 사전준비를 잘했다면 테마에 관해 자신의 생각을 가지고 회의에 참가할 수 있으며, 미리 흐름을 어느 정도 예측할 수 있기 때문에 이유 없는 찬성이나 반대는 하지 않게 된다.

자기의견이 없는 사람은 회의에 참가할 자격이 없다고 해도 과언이 아니다.

발언을 하지 않는 것도 무책임

회의나 대화의 자리에서 시종 침묵을 지키고 있는 사람이 있다. 이것도 무책임한 것이다.

상호간에 의논하는 자리에서는 의견을 말하지 않으면 의미가 없다.

자신의 의견을 관철시키려 다른 사람의 발언을 방해하면서까지 말을 하는 것도 곤란하지만 잠자코 있는 것은 더 곤란하다.

한 회사의 회의에서 경영자 측에서 한 가지 제안이 나왔다. 회사입장에서 보면 대단히 중요한 경영방침의 전환에 관한 제안이었다. 사원 대표가 회의에 참가하고 있었는데 질문이 2~3개 나왔을 뿐 발언은 없었다. 이 결과를 가지고 사장은 '반대가 없기 때문에 모두 동의한 것'으로 결정했다.

사실 이 이야기는 내가 술집에서, 같은 회사의 동료로 보이는 일곱 명이 사장의 행동을 큰 소리로 비난하고 있는 것을 들었던 이야기이다. 그중 세 명은 회의에 참가했던 것 같았다. 세 명은 사장의 행동에 대해 '우리가 잠자코 있었다고 해서 자기 멋대로 전원이 찬성했다고 결정하다니.' 하고 큰 소리로 불만을 나타내는 것이었다.

이는 사원 쪽에 잘못이 있는 것이다. 사장의 제안에 대해 반대한다면 회의석상에서 말을 했어야 했다. 회의에서 발언하지 않고 술의 힘을 빌어서 비난하는 것은 좋지 않다.

회의에서 발언하지 않은 책임을 피하려는 무책임한 말이다. 비록 사장이 독선적이었다고 해도 회의의 주제는 회사의 운명을 결정하는 중요한 안건이었기 때문에 사원으로 회의에 참가한 책임을 다했어야만 했다.

'강한 사람에겐 약하고 약한 사람에겐 강하다.'는 말이 있다. 우리 사회에서는 이 말이 잘 맞는 것 같다. 하지만 회사는 상호간에 대등하게 논의를 하는 곳이다. '어설프게 반대하지 않는 것이 좋다.'라는 생각으로 잠자코 있으면 자신의 의도와는 반대방향으로 흘러가도 불만을 말할 수 없는 것이다.

조금 극단적인 예였는지 모르겠지만 이러한 일은 허다하다. 회의나 대화의 자리에서 침묵하고 있는 것은 '결론이야 어찌 되었건 나는 상관하지 않는다.'라고 무언으로 말하고 있는 것과 같은 것이다.

주장할 것이 있으면 발언해야 한다. 발언의 방법을 고려해야 한다. 반대한다고 해도 격렬하게 반론을 하면 상대는 감정적으로 변할 것이다. 침착하고 논리 정연하게 반론하면 그 의견은 존중될 것이 분명하다.

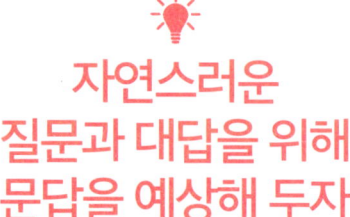

자연스러운
질문과 대답을 위해
문답을 예상해 두자

예상문답이란

회의나 대화에 참가하기 전에 준비가 필요하다고 반복해서 이야기했다.

누군가 특정한 사람을 만나는 경우는 준비작업의 일환으로 사전에 예상문답을 만들면 좋겠다.

예상문답이란 만나서 이야기할 사람과의 대화를 사전에 예측해서 문답형식으로 만들어 보는 것이다. 자신이 할 말은 문장으로 써보는 것이 좋지만, 상대방의 말은 메모하는 정도로 한다. 예상문답을 만들어 두면 자신감을 가지고 그 사람을 만날 수 있다.

이를 위해서는 그 사람이 어떤 사람인지를 조사할 필요가 있다. 회사의 부장이라면 어떤 회사이며, 회사에서 실제로 어떤 위치를 차지하고 있는지, 어떤 인격의 소유자인지를 조사하는 것이다. 자신의 회사에서 그 사람을 만난 적이 있는 사람이 있다면 조언을 받는다.

조사가 끝나면 예상문답을 만들어 본다. 예를 들어 다음과 같이 써 본다.

당신 : 오늘은 앞서 보내드린 신제품의 판매현황에 대해 여쭤보려고 찾아뵙습니다. 판매현황은 어떻습니까?

(부장 : 판매현황이 좋을 때)
당신 : 어떤 점이 고객들에게 호응을 받고 있습니까? 판매현황이 앞으로도 상승할 것이라고 생각하십니까? 더 개선해야 할 점이 있다면 어떤 점입니까?

(부장 : 판매현황이 저조할 때)
당신 : 판매현황이 저조한 원인은 무엇입니까? 그런 원인이라면 쉽게는 개선할 수가 없습니다. 부장님께서 좋은 생각이 있으시면 제안해 주십시오.

이처럼 상대방의 반응에 따라 몇 종류의 질문을 준비해 두는 것이다.

미리 써보면 먼저 대화의 흐름이 보인다. 그리고 질문항목을 확인할 수가 있다. 또 자신의 발언을 문장으로 써보면서 존댓말의 사용도 체크할 수가 있다.

물론 대화는 예상과는 다른 방향으로 흐르는 경우가 있지만, 이렇게 준비해 두면 실전에서 응용할 수 있다.

장관들도 예상문답을 준비한다

국회 예산위원회 중계를 듣고 있으면 장관에 취임한 지 얼마 되지 않은 사람도 별 무리 없이 답변을 하는 것을 알 수 있다. 장관 자신이 공부한 결과를 가지고 답변하고 있는 사람도 있지만 대부분은 그 부처의 직원이 사전에 질문자의 사전 질문서에 기초하여 예상문답을 만들어 장관에게 사전에 설명을 해주기 때문이다.

부처에 따라 그 소관업무는 광범위하기 때문에 장관이 모든 업무를 전문가와 같이 파악할 수는 없다. 질문항목에 따라 담당부처의 공무원이 예상문답을 만드는 것이다. 이것은 질문자도 인지하고 질문을 하고 있는 것이다.

당신에게는 장관과 같이 예상문답을 만들어주는 사람이 없기 때문에 자기 스스로 이것을 해야만 한다. 하지만 스스로 생각한 것만으로는 예상문답을 쓸 수는 없다. 자료를 조사하거나, 처음 가는 회사라면 그 회사의 개요를 인터넷 등에서 조사하는 여러 가지 준비방법이 있다.

장관의 예상문답 항에서 우리에게 참고가 되는 것은 담당부서가 자신들의 담당항목에 관해 예상문답을 만든다는 것이다. 당신의 사내에도 많은 전문가가 있을 것이다. 각 분야의 전문가를 활용하는 것이다. 어떤 문제에 관해 전문가를 만나서 조언을 들어두면 막상 필요할 때, 별도로 만나러 가지 않아도 전화로 물어볼 수가 있다.

사내에서뿐만이 아니라 당신의 친구나 가까운 사람도 중요한 정보원이다. 동종업계에서나 다른 업계에서라도 그만큼의 정보는 가지고 있다.

당신의 네트워크를 최대한 활용해야 한다.

예상문답을 써보는 것으로 끝내면 안 된다. 회의의 준비에도, 말을 잘하는 사람이 되기 위한 정보의 저장을 위해서라도 네트워크(인맥)는 소중하게 관리해야 한다.

| 연습 과제 |

❶ 자신이 하는 일을 알기 쉽게 1분 안에 말해 보자.
❷ '학생생활', '대학의 특색', '고등학교 시절의 동아리 활동' 등 테마를 정해서 1분 동안 말해 보자.
❸ '사장에게 듣는다.', '○○○ 부장에게 듣는다.' 등 인터뷰를 전제로 예상문답을 써보자.

〈해설〉

- 과제1은 무언가에 관해 질문을 받았을 때이다. 자신의 하는 일이 무엇인지 질문을 받았을 때, 여러 가지 일 중에서 무엇을 어떻게 말하면 좋을지 당황했던 적이 있었을 것이다. 그럴 때 당황하지 않기 위해 준비해 두어야 한다. 한 가지로 초점을 맞춰서 알기 쉽게 말해야 한다. 자신이 하는 일을 단지 나열하는 것으로 끝내서는 안 된다.

- 과제2도 자주 받는 질문이다. '당신의 출신 ○○대학은 어떤 학교?'라는 질문을 받았을 때 어떻게 대답할까? 한 마디로 말할 수

있는 대학의 특색이 무엇인지 찾아서 이것에 대해 구체적으로 설명해야 한다. 머릿속에는 많은 생각으로 차 있지만 물어보는 사람은 아무것도 모르니까.

- 과제3도 한 가지 테마에 초점을 맞추지 않으면 대답할 수 없다. 한 가지 대답이 있다면 '왜 그런지', 다음 대답을 했다면 '어째서 그런지'를 반복해서 자문해 보아야 한다.

말 잘하는 사람은 뭘 해도 다르다

1판 1쇄 발행 ‖ 2021년 7월 5일

●
지은이 ‖ 다카나시 케이이치로
옮긴이 ‖ 강성욱
펴낸이 ‖ 김규현
펴낸곳 ‖ 경성라인
주　소 ‖ 경기도 고양시 일산동구 백석2동 1456-5
전　화 ‖ 031) 907-9702　　FAX ‖ 031) 907-9703
E- mail ‖ kyungsungline@hanmail.net
등　록 ‖ 1994년 1월 15일(제311- 1994-000002호)

●
ISBN ‖ 978-89-5564-184-4 (03320)

● 책값은 뒤표지에 있습니다.
● 잘못 만들어진 책은 구입하신 곳에서 바꾸어 드립니다.
● 경성라인은 밀라그로의 자회사입니다.
● 이 책은 '완벽한 대화기술' 의 개정판입니다.